YINGJIE DIYIFEN GONGZUO
NI ZHUNBEI HAOLEMA

迎接
第一份工作？

你准备好了吗

李 珊 / 编著

四川大学出版社

责任编辑:杨丽贤
责任校对:梁 平
封面设计:李 品
责任印制:王 炜

图书在版编目(CIP)数据

迎接第一份工作,你准备好了吗?/李珊编著.
—成都:四川大学出版社,2018.6
ISBN 978-7-5690-2023-6

Ⅰ.①迎… Ⅱ.①李… Ⅲ.①职业选择-通俗读物
Ⅳ.①C913.2-49

中国版本图书馆 CIP 数据核字(2018)第 148186 号

书 名	迎接第一份工作,你准备好了吗?	
编 著	李 珊	
出 版	四川大学出版社	
地 址	成都市一环路南一段24号(610065)	
发 行	四川大学出版社	
书 号	ISBN 978-7-5690-2023-6	
印 刷	合肥市星光印务有限责任公司	
成品尺寸	145 mm×210 mm	
印 张	9.625	
字 数	200 千字	
版 次	2018 年 8 月第 1 版	
印 次	2018 年 8 月第 1 次印刷	
定 价	59.80 元	

◆读者邮购本书,请与本社发行科联系。
电话:(028)85408408/(028)85401670/
(028)85408023 邮政编码:610065
◆本社图书如有印装质量问题,请
寄回出版社调换。
◆网址:http://www.scupress.net

前言

掀起"工作"的盖头来

一个人成熟的标志是什么？

不同的角度会有不同的答案。我们平常认为一个人只要年满十八岁，那他在多数方面就应该是成熟的。但心理学家们却有自己的看法：在心理学上，一个人成熟的标志有很多，但其中最重要的一点便是有"责任心"。对自己乃至整个社会都有一份责任心，那这个人就可称得上成熟了。

那么怎样判断一个人是否有责任心？一个普遍的观点是：从工作中挖掘。

我们经常听到这样的话——"努力工作就等于对自己负责"，可见，工作正是对自己负责的一种体现。而从另一方面来讲，我们对父母的责任也"黏附"在工作上面。俗话说，种树易，育人难。一个人的健康成长离不开父母的精心呵护，同样，父母老去时也离不开我们的照顾，"抚养"和"赡养"是相对的。

由此可知，假如我们不去工作，我们该拿什么赡养即将老去的父母？所以说，努力工作也是对父母负责的一种体现。

作为一名大学生，我们更应该明白这个道理。许多家长耗费半生精力供儿女读完大学，为的就是让孩子在走上社会后能自食其力，而我们也更要明白自己在读完大学之后身上背负的责任，要承担起这些责任就必须走上工作岗位，对自己和家人负责。

但在现实生活中，许多大学生在踏出校门之后立刻就患上了"工作恐惧症"，害怕工作，害怕离开学校。这种"病症"被许多人称为"断奶症"，顾名思义，就算是到了该"断奶"的年纪，这些人身上表现出来的种种依赖性却让他们无法在社会上独立生存。

大学生为什么会存在"工作恐惧症"？我认为主要是源于对工作的不了解。我们害怕鬼神和一些长相恐怖的动物，是因为一个人对自己不了解的事物会自然而然地产生恐惧心理。所以，要克服这种恐惧，我们必须要了解工作到底是什么。

　　现在大学生群体中出现了这样一种观点，认为工作其实就是替别人创造价值，对自己而言仅是为了养家糊口。有这种想法是因为他们没有认识到自己工作时不光是给别人创造了价值，自己的价值也被一点点地挖掘出来。

　　也有一部分大学生认为，工作就是为了挣钱，让自己过上好日子。我们不能完全否定这种想法，因为我们绝大多数人工作都是为了能让自己在这个社会上立足，出人头地。但是我们也不能忽视这种观点的弊端，一个人如果这样单纯片面地解读工作，久而久之，他就会丧失自我，沦为工作的奴隶，活不出自己的精彩。

　　美国教育家勃特勒说过，每个人的工作，不管是文学、音乐、美术、建筑还是其他工作，都是自己的一幅画像。也就是说，我们每个人的社会性格都得通过工作塑造，所以，我们怎能以这种草率的态度来看待工作！

　　想要认清工作的本质，我们就必须要明白，工作是创造价值的一个过程。也就是说，我们工作，一边是在为他人创造价值，一边也是为了创造属于自己的价值。我们既不能抱着消极的态度应付工作，也不能抱着"薪水至上"的观念盲目选择。

　　刚毕业的大学生就像是一张白纸，身上还带着学生时代的一些"劣性"，但把这种"劣性"带到工作岗位上是绝对行不通的。

　　多数大学生在学校时，父母都会给他们一笔生活费，虽然不

III

多，但也不至于让他们挨冻受饿；学校会给他们制定好所有的学习规划，不用学生操心。正是这种安逸的生活状态催生了现在大学生的一些不良行为，如逃课、通宵玩游戏等。

试想，如果我们将这种安逸无忧的心态带入社会，工作上像"老牛"一样，别人催一步走一步，没事的时候就坐在办公室里玩游戏，那么怎么可能有所发展？

所以，我认为，大学生走上工作岗位之后，一定要在工作当中逐步改变自己在大学中形成的一些习惯。法国哲学家伏尔泰就曾说过，工作能撵跑三个魔鬼：无聊、堕落和贫穷。所以说，工作和良好习惯的养成是相辅相成的，我们可以在工作中养成良好的习惯，而良好的习惯又能够让我们更加出色地完成自己的工作。

也许有人会说，其实这些道理我也懂，但是刚毕业时，一看到网上和学校里铺天盖地的招聘启事，我就头疼，不知该从何入手。

万事开头难，我们都能理解第一步的困境，但是永远停留在原点那不就成原地踏步了吗？所以，面对种种未知，我们不妨静下心来，先想清楚自己的需要，在克服了"未知恐惧"之后，我们所要做的就是一件事：选择一个最适合自己的工作，勇敢地掀起"她"的盖头来！

目录

第一章

第一次，比你想象的
更重要

第一步很难，但第一步也很重要。俗话说，一步错，百步歪，迈错了步子，走再多的路也只能空出一身汗。对于大学生来说，第一份工作就像是人生路上的指向标，在"动脚"之前，眼睛先睁大些，先把路看清了，再决定怎么走。闭着眼睛瞎撞，达不到目的不说，往往还会让自己摔得鼻青脸肿。

破冰期：走出"象牙塔"梦境

　　小时候，老师经常会问我们这样的问题："长大了，你想做什么呀？"同学们也给出了各种各样的答案，"科学家""宇航员""工程师""老师"等。

　　相信我们每个人在小时候都有过这样或那样的梦想，但当我们踏入社会之后才发现，当年的这些回答也许真的就只是一个梦想而已。

　　所以有人把学校比作"象牙塔"，因为只有"象牙塔"才能包容我们各种各样的梦想。因为在学校里，我们有家长、老师的关心和保护，我们所走的每一步都有人牵扶着。但也正是由于这样，产生了一些问题。毕竟，父母和老师不可能照顾我们一辈子，一旦我们背起行囊离开学校，该去如何面对现实的社会呢？

　　自大学扩招之后，每年应届大学生的数量一直在攀升，最近几年每年大学毕业生数量都超过了600万，但据调查，这600多万大学生中毕业时有近100万人找不到工作，也就是说，有将近六分之一的毕业生面临"毕业即失业"的问题。这近100万人中有一个群体特别令人揪心，那就是近几年呈几何数增长的"校漂族"。

所谓的"校漂族"指的是那些摆脱不了学校，无法适应社会现实的一批学生。他们中有人毕业后可能工作过一段短暂的时间，或者从来都没有走上过工作岗位。

这些人选择"校漂"的具体原因可能各异，但本质上却有一个共同点：他们惧怕社会，理想与现实无法契合，对学校仍然心存依赖。

这种现象给人带来的伤害是显而易见的，就像一句名言："你不去正视困难，困难永远都在那里。"不可否认，社会现实很难符合每个大学生的理想预期，这是必然的。但如果仅仅因为现实达不到自己的预期就选择逃避，活在自己的梦境当中，那将来又如何成长呢？

也有一些大学生，怀揣着对未来的期待毕业，觉得自己接受了高等教育，那么在工资、工作环境上就肯定要比别人高些，可面试时才发现事实并不是他们所想的那样。电视上曾播出过一则新闻，一个从农村走出来的本科生，刚毕业时想找家待遇好点的单位，结果面试了一圈后屡屡被拒之门外，最后一家公司给他开出了600元的月薪，当时已经走投无路的他只能接受这份工作。而他的父亲，一个工地上泥瓦工的工资竟然是他的好几倍，这让父子俩对此事都羞于启齿，他们都觉得，一个本科毕业的大学生，拿着不如农民工的工资，实在是"丢脸"。

世俗偏见是造成这对父子羞于启齿的主要原因。长期以来，大学生都被认为是"天之骄子"，只要跨进了大学的门槛，一只脚就踏进了高薪高职的大门。不可否认，这种观念在特定时代内的确有它的道理，但今时不同往日。有这样一个笑话，一块招牌掉下来砸倒十个人，其中九个大学生，还有一个是硕士。这句话有夸张的成分，但话糙理不糙，大学生这个身份现在的确已经比较普及了。

所以，我们刚毕业的大学生一定要正视这个现实，只有接受了现实，现实才能接受我们。

那我们大学生该如何接受现实，走出"象牙塔"梦境呢？

首先，必须要看清楚自己的能力，不能眼高手低。企业钟情有能力的人才，如果我们想要获得一个薪水、福利都不错的岗位，就要先看看自己有没有这个实力。俗话说，你有多少米，别人就给你多大锅。千万别在没有看清楚自己的实力之前就将目标定在"天上"。

其次，多听听前辈的意见。他山之石，可以攻玉，事实上，很多事业有成的前辈刚毕业时也都是百般艰难，我们可以听一听他们的经历，看看过来人的故事。要知道，闭目塞听只会让自己陷入苦恼的死胡同。

最后，理想和期待也不用放弃。融入现实并不代表着一定要放弃自己的理想和期待，我们可以将它们放在心中，通过一步步的实际行动将它实现，只要我们足够努力，现在的期待就有可能实现。

探路石：别让"乱花"迷了眼

每年的毕业季，各所高校都会给应届毕业生开设就业辅导课，由于大部分还未出校门的大学生对外部环境所知甚少，所以这样的课程显得尤为重要。我曾经旁听过几所高校的就业辅导课，最常听到的是"先就业后择业"这一类的话，当时我就有些纳闷：为什么要给学生灌输这样的思想呢？

后来跟一位老师聊天后我才知道了其中缘由。这位老师无奈地对我说，毕业生太多，工作不好找，为了让学生能找到工作，只能这样。

听完他的话我心里堵了半天，心里在想，这样对学生真的合适吗？

为什么我会这么想，原因很简单，作为一个过来人，我明白第一份工作对毕业生的重要意义。当年我临近毕业时，学校里来了很多用人单位，由于是第一次找工作，自己心里也没个底，匆忙选择了一家国企，当时只觉得这家国企是"铁饭碗"，好好干一定会有前途。可令我没想到的是，刚入职一个月，我就发现自己对这种工作非常不适应，没过半年，我便"灰溜溜"地离开了这家企业。

直到现在我都非常悔恨当初的选择，这个草率的选择让我走了不少弯路！

相信现在许多大学生也会有我当初毕业时的那种感觉，特别是在现在就业形势越来越严峻的情况下，他们的焦急感应该比我当年更甚。所以我想奉劝大家一句：谨慎选择第一份工作。

为什么要谨慎选择呢？

首先，第一份工作是我们认识社会的第一扇窗户。大学生受过高等教育，但这并不代表他们无所不知，恰恰相反，许多大学生对社会的生存法则知之甚少。他们步入社会时的当务之急就是要去了解社会，了解现实，而人生当中的第一份工作正是他们了解这个社会的第一个平台。这个平台越"高"，我们就能看得越远，可以说，第一份工作会影响大学生毕业几年后的眼界。

其次，第一份工作塑造一个人的"工作品质"。对于工作经验为"零"的大学生来说，第一份工作就是他们的"塑形机"，工作习惯、工作态度往往都是在第一份工作当中养成的，而工作的好坏又会影响这个塑形的过程，一份好的工作会将我们塑造得更加完美。

最后，也是最重要的一点，第一份工作往往决定着我们以后的发展方向。戴尔·卡耐基有一句名言：正确的选择加上不懈的努力，就会创造出奇迹。没有正确的选择，就算我们做再多的努力，也可能只是浪费精力。假如一个人想做医生，毕业后却选择了一份销售工作，可想而知，这份工作对他以后的"医学事业"将很难有所帮助。

但选择也的确不是那么简单的一件事。没有选择时会犯难，选择多的时候也会犯难。这句话不难理解，没有选择时会急于寻找出路，而选择过多时就会让人挑花眼，令人犹豫不决，拿不定主意。

其实出现这种"选择障碍"的原因大多只有一个，那就是求职者不知道自己究竟想找个什么样的工作。是要高工资，还是要去大城市？还是说根据自己的兴趣爱好来选择？每一份工作都可能有吸引我们的地方，所以我们很难做出选择。

但第一份工作又不同于以后的工作，它对我们的意义实在太过重大，所以我们必须要根据它的重要性来做出选择。

正如上文中所说的，第一份工作是我们认识社会的第一扇窗户，所以我们要选择一扇能看得见社会的窗户。这就要求第一份工作必须具备一定的视野。现在有很多年轻人钟情于外企，这是因为在外企工作，视野可能会变得十分开阔。

在视野足够开阔的基础上，如果想改掉自己的一些坏毛病，锻炼自己不足的方面，那么不妨对症下药，找一份能改掉自己毛病，使自己获得提高的工作。比如说，有的人天生交流能力差，跟人说话存在障碍，如果他想改掉这个毛病，那么他就应该找一份需要与人常打交道的工作，例如业务员、活动策划等职务。

在视野和"品行"塑造都具备的情况下，我们最后一定要想清楚，眼前的这份工作是否是我们以后想要走的那个方向。如果这三者都同时具备的话，那么才可以说这份工作的确是适合我们的。

其实每个人的选择依据并不一样，但有依据总比没有依据要好，面对纷繁复杂的社会，作为应届毕业生，我们更应该想清楚自己到底需要什么样的工作，多问几个为什么。只要我们的头脑足够清晰，这第一份工作不也就清晰起来了吗？

镇静剂：走稳"小碎步"，心急可能栽跟头

刚走上工作岗位的大学生都是些血气方刚的年轻人，难免会有一些"豪言壮语"。如果这些"豪言壮语"说得不过分，别人会认为你有理想；但如果这些"豪言壮语"太过缥缈，别人可能

就会觉得你年少轻狂。这是不知道现实的残酷啊！

其实，大学生刚刚踏入社会时，难免会遭遇现实和理想的碰撞。第一份工作往往给不了他们太多，这是一种普遍现象。但我们也应该知道，没有人能够一口吃成一个胖子。古人说，不积跬步，无以至千里。做任何一件事都得用"捂热"石头的耐心去对待，这跟小孩学走路是一个道理，小孩子如果不先学"扶墙走"，又怎么能有以后的疾步快走呢？

朋友周展曾经给我讲过他的一段经历。

周展大学毕业后进入一家广告公司从事策划工作。当时他的月薪只有一千多，但周展觉得自己有意从事广告这一行业，所以即使公司现在给的薪水不高，只要自己能够做出一番业绩，工资自然会涨上来。

抱着"做出一番业绩"的想法，周展开始了自己的广告策划工作。公司的一些老前辈告诉周展，想做出一个好的广告策划，前期的市场调查工作必不可少。但周展却认为，只要把广告语写好，不怕别人不看，而市场调查工作十分繁琐，会浪费大量的时间。于是周展就放弃了这个环节，直接进入了产品定位和广告策略制定环节。

结果可想而知，这份缺乏目标受众的广告策划直接被公司否定了，对他们来说，周展的策划不具备最基本的操作性。

后来周展又做了几份策划，但总会出现这样或者那样的问题，不是漏了受众调查，就是漏了产品调研。屡屡遭受失败的他每失败一次就更急一点，总想做出一份完美的策划。最后的结果是，他进入那家公司近半年，都没有做出一份像样的策划，公司认为他在这方面没有潜质，也就找了个理由将他辞退了。

相信现在很多大学生在走上工作岗位之后都会有周展的这种心态，总想走出最完美的第一步，以至于忽略了很多工作是需要用耐心来"浇注"的。所以，许多用人单位在评价一些应届毕业生时都会用上一个词——"浮躁"。像周展一样，许多大学生刚刚接手一份工作时，就急于证明自己的能力，渴望获得上司的认可，但事实上，操之过急的结果往往是适得其反。

造成这种"浮躁"工作心态的原因有不少，其中影响最大的是以下两点：

第一，刚就业时，对自己手上的这份工作了解太少。俗话说，台上十分钟，台下十年功。我们在没有深入了解工作的情况下就很容易产生一种"轻视"工作的心理，觉得自己受过高等教育，难道连这份简单的工作都做不成吗？而这种心态正是催生"浮躁"的"发酵桶"。

第二，目标性太强，形成"远视眼"。走上心仪的工作岗位，每个人都盼望着自己能够有一番作为，闯出自己的一片天地，所以很容易造成"远视眼"，眼睛里只看到目标，不管做什么都是奔着目标去的。但事实上，要完成一份工作，除了要做一些必要的努力之外，一些看似不必要的"无用功"我们也不能忽略。就好比一名记者去采访某一件事，他的目标是要让这篇稿子见报，但如果他忽略了一些其他因素，比如说同城其他的纸媒有没有对这个新闻做过采访，这个新闻的时效性、导向性以及新闻价值如何等，就算他采访得再到位，稿子写得再好，这篇稿子也不一定能发出来。

俗话说："懒惰是成功的第一杀手。"懒惰是一种消极的应付心态，一个懒惰的人很难获得机会的垂青。抱着得过且过的心态去工作当然不可取，但抱着"一步登天"的心态同样是不可取的。

我们必须要明白，刚毕业时自己就是一个"零"，在工作经验上可以说是一无所有。这时，我们就必须要一步一个脚印，把目标放在远方，用自己的努力慢慢向前挪，只要小步子到位了，总有一天我们能够达到自己的目标。但如果我们总想着"抱负"，丝毫不考虑客观环境，那么这个"抱负"就会成为我们的"包袱"。谁都知道，饭吃快了会噎着，水喝快了会呛着，要想不被噎着、呛着，那就得放慢速度，一口一口地来！

戒除期：跟坏习惯说"拜拜"

大学能够教给我们知识，也可能让我们养成一些坏毛病。

每年毕业季，很多用人单位都会集中到高校进行招聘。虽然大学生的数量在逐年攀升，但在他们眼里，不是所有的大学生的质量都很好。这也给求职者和用人双方造成了困扰。一些用人单位的老板声称：刚毕业的大学生不好用。在他们看来，很多刚毕业的大学生稚气未脱，有不良的生活习惯，无法胜任工作。

由于大学宽松自由的特殊环境，很多人进入大学之后会感觉到迷茫，大学不再是高中的生活节奏，有些人在大学里养成了各种各样的坏习惯。

我的一位从事房地产开发的朋友曾经对我坦言："现在大学生刚毕业都期望找个好工作，至少得是坐办公室的，挣钱还得是多多的。可是，实话实说，你刚从学校毕业，什么都不懂，什么也不会做，怎么就敢开价五千、八千元？"

我的这位朋友批评的正是大学生眼高手低的毛病。一个刚毕业的大学生，毫无社会经验，却有着非常高的眼光：单位要好，工资要上档次，上班还不能太累。试问，这样的大学生又有几个公司敢招？

一次交流会上，深圳某设计公司的赵总跟我分享了这样一个故事。

他们单位有个刚毕业的学生小刘，说话头头是道，人也长得蛮机灵的，但就是不会做事，不知道替公司考虑。赵总曾让刚进公司的他去购买一些画图用的纸，本来公司有长期合作的客户，打个电话就解决了，可是这位学生不问清工作流程，就跑出去按照自己的想法买了，价格比平常贵了不说，还找赵总报销打的费，一箱纸的成本平白增加了100多元。

大学生为什么会眼高手低？究其原因，是大学生们在学校里多以理论学习为主，很少能够深入到实践当中去。北京某调味品贸易公司的张经理讲："现在有些年轻人不踏实，这山望着那山高，不愿踏实做事。往往是刚入职两三个月，我想让他们担任某个重要岗位锻炼一下时，他们就跑过来对我说，干这个岗位可以，但是现在要交女朋友、要买房、要买手提电脑、要穿名牌西装……我就问，你是不是要求加工资？这时他好像又很不好意思地说，不是他想加，是社会逼得他想加。"

还有的老板哭笑不得地讲，有的毕业生好高骛远，不切实际。他们经常指点公司应该怎么做，动不动就拿世界五百强的公司作例子。书上的东西是好，可得从实际出发啊，现实和理论是有相当差距的。

不少招聘单位的负责人还共同提到一个问题：工作时间煲电

话粥。年轻人天天打长途电话，一个电话可以打一个小时，结果业务电话进不来。一家单位的负责人表示，有一次，招了三个大学生后，一个月的电话费涨了2000多元。这虽然是小节，但是这些小节问题不注意，就会影响单位对你的看法。

"心理不稳定。有好几次招来了大学生，刚来才一两个星期，上了几天班，人却不见了，问同事也不知道去哪了。过几天才知道，原来他们是找到别的工作，走了。你要走就走吧，我还不是会客客气气地请你吃一顿饭，然后祝贺你一下，工资给你，但不通知一声就走，吓我一大跳，因为他是在我公司工作，人突然不见了，我总得有个交代的。后来我明白了，不见了就十成是到别的公司去了，我也习惯了。"这是上海一家房地产策划公司老总的吐槽。

有人将大学生的坏习惯进行了总结：

第一，过分自信。

很多刚从学校毕业的大学生，都有一个错误的认识，就是以为只要考试成绩好，便能当一个称职的职员。其实，不少招聘单位曾再三指出，好职员既要有良好的学习成绩，也要有多方面的经验和才干。所以，如果因为自己在考试中得到数科优的成绩便沾沾自喜，忽略经验和性格条件，只会使招聘单位觉得你自高自大，思想不成熟。

第二，不够自信。

　　谦虚虽然是美德，可是现代社会里过谦却越来越不合时宜了。大学生应该在求职信里多强调自己的长处，对于短处如果实在没有办法避免，也可以一笔带过，不要太过自卑于自己的短处，总觉得自己技不如人。在面对公司交代的一些重要任务时要有自信，没有自信便会失去磨炼机会，而一个人如果没有经过磨炼就不会有进步。因此，让自己保持自信才能更加具有活力。

　　第三，工作态度消极。

　　有的大学生在进入公司之后，幻想着能够干一些比较轻松的活。如果一个月只拿2000元的工资，那么就绝对不愿多干一块钱的活儿。抱有这种想法的人平时比较懒散，公司真正需要他们的时候却又难当重任，这是十分不利于长久发展的。

　　虽然，这些看法不一定全面，但正在求职或已经求职成功的大学生不妨对照一下自身，有则改之，无则加勉。职场如战场，知己知彼，方能百战百胜。先了解自己，再在了解自己的基础上对症下药，对于不足应该尽量改正。总而言之，走上工作岗位后就一定要认识到，工作是自己的，干的好是属于自己，干不好也永远赖不到别人头上。

充电器："空电池"更要多充电

有人把毕业后的头两年喻为"人生的黄金时期"，很多人踏入职场时跟他人的区别并不大，无论是工作经验还是工资，大多处在同一个水平上。但两年之后，有的人继续在那个岗位上埋头苦干，而有的人成为人中龙凤，获得了一定的成就。

这种现象值得我们思考：是什么造就了这种区别呢？

打工皇帝唐骏曾经说过："有两种人不要跟别人争利益和价值回报，第一种人就是刚刚进入企业的人，头五年千万不要说你能不能多给我一点儿工资，最重要的是能在企业里学到什么，对发展是不是有利。"唐骏的这句话意思很简单，一个大学毕业生刚进企业的时候，最重要的不是能够挣多少钱，而是在这个岗位上能够学到什么。

所以，对于大学生来说，毕业后的继续学习就成了人生当中至关重要的一个过程。

大学生为什么要学习？很多人可能会觉得，每一个刚从大学毕业的学生都经历过16年的教育，这其中还包括四年的高等教育，是这个社会的知识群体，他们本身就已经拥有很多知识，是"天之骄子"。

这样的想法其实存在着一定的误区：大学生有知识没错，但这知识是否和工作岗位的需求对口却又是另一回事。

一位企业的总经理曾经跟我说过，我们公司愿意招大学生，但是很多大学生走上岗位之后却不能胜任这份工作，他们拥有的更多的是理论而不是经验。

他还告诉我他的一段经历。那次他们公司招进来一个名牌大学的毕业生，而且这个年轻人在大学里取得了相当不错的成绩。

和公司的大多数人一样，这位总经理也对这个年轻人充满了期待，他觉得，如果能将这样一个人才储备在公司，对公司以后的发展是极为有利的。

但是没过多久，总经理就开始怀疑自己之前的想法了。

这个年轻人有学历，人也很聪明，但是有一个毛病却让人无法忍受：他听不进去别人的建议和批评，做错了事只会找别人的毛病，从来不觉得是自己错了。

而且，当总经理提出要将他下放到基层车间去学习的时候，他表现出了明显的抵触情绪，他觉得自己已经读了十几年的书，还有什么要学习的吗？

这个大学生的想法和做法无一不是在考验公司的耐性，总经理念在他还是个人才，打算好好找他谈谈，可当总经理说出一句"你还要多加学习啊，不然这样永远没有进步"时，这个大学生竟然当场翻脸："我还有什么要学习的？我觉得我的知识已经够用了！"

这句话让总经理彻底愣了。第二天这个年轻人就递交辞呈离开了。

总经理对我说："其实我本来觉得大学生的可塑性非常大。他们毕业之后就是一张白纸，如果能够趁此机会多学习，那么一定是个人才，他的前途一定是光明的，但是我没想到，还会有人拒绝学习，拒绝给自己充电，这实在是太令人遗憾了。"

这位总经理的话也是我的观点：企业需要的是既有经验又有知识的人才。

而大学生毕业之后就犹如一块空电池，更需要在第一份工作上充电，增长自己的见识。

那么，大学生具体应该怎样去学习呢？

首先，大学生应该先去了解一下本行业的基本情况。作为一名从业者，这是一门必修的课程。刚刚走上工作岗位的大学生，对于社会和工作还不是很熟悉，这个时候，去了解工作就很有必要。

举个例子，假如一个新闻专业的大学生决定从事传统媒体这一行业，那么他就可以事先了解一下纸媒和电视新闻的特点，学习采访、编写、校对等工作技能，这些工作经验不但能够保证他在刚入职时尽快上手，还能够帮助他应付即将到来的工作挑战。

其次，毕业生还应该在第一份工作中学会直面困难。

在我们的学生时代，父母和老师都是为我们遮阳挡雨的保护伞，这是因为在我们年纪尚小、社会经验不足的情况下，这种庇护能够帮助我们更好地成长。但是当我们走上第一份工作的岗位之后，这种情况就发生了根本性的变化。一般来说，一个成年人应当要承担起对人生的全部责任，况且大学生毕业之后一般都已经二十二岁左右，这个时候如果还幻想着家人和老师的庇护，那无异于将自己溺死在"依赖感"中。

我们在工作当中难免会遇到困难，比如说工作太过复杂，自身能力不能胜任，挨领导批评，等等，这些都是无法避免的。如果我们能够在第一份工作中学习如何正确直面困难，那么在以后的工作当中，这种心态将会帮助我们渡过很多难关。

最后，我们在第一份工作中还应该学习如何恰当处理人际关系。

职场不比学校，同事关系和同学关系也显然有着本质的区别。在学校里，同学之间并没有绝对的地位区别，也很少有利益纠葛，但是在工作岗位上，同事之间的关系却要复杂得多，如果还用在学校与同学相处的方式，当然是行不通的。

除了与同事，初入职场的大学生还应该处理好与领导、客户甚至是竞争对手的关系。好领导都是好老师，如果能够与领导处理好关系，那么也一定能够从他们身上学到很多有用的知识。与客户的关系则决定着业绩，而与竞争对手的关系更是需要谨慎处理，不能一概拒绝交流，也不能走得太近。

在第一份工作中处理好人际关系，相当于为自己以后的发展打下人脉基础，这是大学生毕业后至关重要的一次锻炼和积累。

最后，除了完成手上的工作，我们踏上第一个工作岗位之后还应当继续保持一种学习状态。

在大学时我们学到的专业知识可能比较片面，在工作岗位上我们要继续保持一种学习状态，就算是那些现在看来对我们毫无益处的知识，我们也不妨多涉猎。因为这是第一份工作，我们不能凭第一份工作就决定自己以后的道路，要想今后的发展渠道多元化，就必须要保持一种学习状态，不学习，那么永远就不会有进步、有发展。

总而言之，刚毕业的大学生就像是一块空电池，能够在最短的时间内充满这块电池，就能让我们在规定的时间内跑得更远。拒绝学习，就是拒绝进步。一个拒绝进步的人迟早有一天会被这个社会淘汰，我们也不希望自己到了那一天才后悔在第一份工作上碌碌无为。所以不妨从零开始，向着那个充实而又令人向往的目标出发！

局域网：跳得太远就等于被清零

人在职场，难免会有不如意的时候。这种不如意的情况会让人消沉，也会让人的内心出现变化。在这个时候，很多人可能会想到一个摆脱这种不如意的方法：跳槽。还有一种人，他们在职场顺风顺水，眼界也打开了，但是却发现了更好的机会，这个时候，他们也有可能选择跳槽。不论是以上哪种情况，跳槽都会是一种常见的选择。

通过跳槽，有人发挥了特长，事业更上一层楼；有人跳槽之后发现和原来一样，甚至还不如以前；也有人一步踏空，跌失了自己。

所以说，跳槽有风险，跳前需谨慎。

很多人可能不明白跳槽原本的意思。跳槽原本指的是牲口离开所在的槽头到别的槽头吃食。而对于工作中的跳槽来说，主要有被迫辞职型、被动拉拢型、赌气逃避型、生活所迫型、利益驱使型等类型。对于应届大学生来说，这些类型都有可能出现。

当然，跳槽就意味着离开原来的公司，到一个新的公司中去。无论怎么样，跳槽都是有风险的，而我们这里所说的"跳出局域网"，则指的是一种最大的风险。

　　为什么跳出局域网是一种最大的风险？我们都知道，大学生走上工作岗位之后，除了在大学里学的那些知识之外，基本没有什么优势，经验和耐力一般都不如那些在社会上摸爬滚打了很多年的"老油条"。所以，如果连这点优势都要放弃的话，那么毕业生面临的问题就可想而知了。

　　一年前，我认识了王进，他刚从南方某大城市一所颇有名气的大学本科毕业，所学的是汉语言文学专业。当时他们专业课老师在学业设置上给他们设定了两个就业方向：一个是文秘，一个是教师。

　　王进选择的是教师方向，他说做老师一直都是他的梦想，老师可以全身心地投入到育人成才的过程当中去，这让他很有成就感。

　　但是，王进大学毕业之后才看到自己想法的不现实。毕业之后，他留在了大学所在的那座城市，想在公办学校找一份教师的工作，却被现实泼了一瓢冷水。参加了很多次面试之后，他终于认识到，想成为公办学校的教师太难了。而且，随着对教师行业的了解，他觉得和自己想的不大相同，特别是在那些私立学校，教师除了教书工作之外，还要拉生源，这让他没办法接受。于是，已经成为私立学校老师的他想到了辞职。

　　辞职之前，他特地找到我，向我咨询一些有关跳槽的事宜。当时他正在一所私立学校做语文老师，做了不到一年，他觉得自己心力俱疲。

我问他："你不想做老师了，那有没有想过要做点什么？"

当他听到我这个问题的时候，一脸的茫然："我还没想好自己要做什么，反正我死活是不想做老师了，太没劲了，可能以后去做行政或者是销售也不一定吧!"

我当时很诧异："行政和销售？这些活儿也不是你想象的那么简单啊！"

但我同时又觉得，他还年轻，有折腾的资本，况且他现在还没想好要干什么，所以我就鼓励了他一番。

没过多久，王进给我打来电话，他说自己找好工作了，在一家通讯公司做主管助理，他说这份工作是家人通过关系给他找到的。

我当时就纳闷了："你不是学的汉语言专业吗，怎么跑去做通讯行业了？你了解这一行吗？"

王进说，自己对通讯行业的确一无所知，而且虽然是靠关系进去的，但是他还是要先从实习生开始干起，之前两年的教师工作经验全部作废，工资也比不了以前。但没办法，家人好不容易托关系让他进去了，他不能辜负了他们的一番好意，而且这一行也还算有点前途。

听完王进的话我哑然失笑，怎么会有这样的想法呢？一个学文学的人，已经工作两年了，却跑去做技术类的工作，而且还不是出于自己的兴趣，只是碍于家人的面子，这样跳槽未免太过草率了吧！

果然，几个月之后，我从王进那里得知，他已经从那家单位辞职，主要原因是他不想耗费太多的时间重新学习一门技术，而且这种工作也不是他感兴趣的。

这是意料之中的事儿，跳到一个完全没有行业背景的岗位上去，这本身就是一件冒风险的事，何况这个跨度如此之大。

其实，我认识的很多大学生朋友都有过类似的经历，当自己无法凭借自己的专业知识获得想要的职位时，他们往往会选择一些门槛比较低的职业，比如销售。但在做了一段时间之后，他们往往又会转回老本行。

为什么会这样？

我们都知道，大部分人跳槽都是为了能够获得更好的发展，且一般都是在本行业内跳槽。比如销售员会跳往其他公司的销售岗位，老师跳槽也多数是换一所学校，而不是从技术岗一下子跳到管理岗，这种方式的跳槽风险较大，而且往往都很难成功。

大学生毕业之后能够学到东西的时间也就在工作前两年，这两年基本上就决定了大学生以后在这一行业的发展前景，也是大学生拥有的全部资本，而跨行业跳槽则意味着要抛掉自己前两年所学的全部资本，试想一下，这不就等于被清零了吗？

网络上流行偷菜游戏的时候有句笑话："辛辛苦苦好几年，

一偷回到解放前。"对于毕业一两年的大学生来说，跨行业跳槽也无疑是"辛辛苦苦好几年，一跳跳回毕业前"。跨行业的跳槽几乎等同于重新开始，因为我们前两年学到的知识完全不能应用到现在的工作当中，还是得跟以前一样，重新开始学习。

所以，在这里我要奉劝大学生们一句，在跳槽之前一定要弄清楚自己的现状，不要单纯觉得自己现在这一行没有什么发展前途就贸然跨行跳槽。

三百六十行，行行出状元。只要足够努力，足够上进，那么离成功就更进一步了。也就是说，决定一个人发展的不是他所在的行业，而是他能够为自己所在的行业作出多大的努力和牺牲！

后遗症：别让第一份工作成了"紧箍咒"

在我们身边，有不少人会把第一份工作的经验带到下一份工作当中。为什么第一份工作对人会有这么大的影响，以至于在以后的工作当中也会不自觉地流露出在第一份工作当中获取的一些经验呢？

一位著名的心理学家曾经说过："心理处于空白期的人对于新鲜事物的接受能力是最强的，而这新鲜事物也是最能让其刻骨铭心的。"

对于刚毕业不久的大学生来说，他们对社会的了解无疑是处于一种空白期，所以这个时候，毕业生对于自己在第一份工作上所能学到的东西就会记忆深刻，即使换了工作，也会将这种记忆也就是经验带到新的岗位上去。

当然，这种经验并不一定就是与新工作格格不入的，很多时候，这种经验对于工作者来说还是相当可贵的，但是这其中也有很多不利于其发展的经验，原因有以下几点：

第一，工作的性质不同。

不同的工作有不同的性质。就如事情一样，有轻重缓急的差别，有的工作需要严谨的态度，有的工作需要的是耐心，有的工作需要与人沟通，有的工作则只需要面对事情。这些都是不能一概而论的。

比如说销售。销售的目的是将产品或者是服务推销给客户。这时候，销售者所有的工作都应当是用话语或者是行动打动客户，以此产生效益。所以，对于销售者而言，他在这个岗位上能够学到的是如何用话语去打动客户，让客户接受自己的产品和服务。所以说，销售是需要口才的，只要让客户认可产品目的就达到了。

但是有的工作就不一样了，如果不能拿出像样的作品来，就算把自己吹嘘得天花乱坠那也是无济于事的。所以说，前者的经验并不能完全应用到后者的工作当中来。

第二，工作的方式不同。

传统的工作大多是以上班的方式，在单位里朝九晚五。但是现在出现了很多新兴职业，像soho一族，他们不需要每天按时按点地上班，有的甚至连公司都没有，只需要出售自己的劳动成果就行了。如果用传统工作的方式去要求，那么无异于强迫其穿上不合脚的鞋子，会影响工作效率。所以，现在一些从事特殊行业的公司，不再采用原来那种集中管理的方式，而是采取一种放养式的方法来管理员工。这从侧面反映了并不是所有的工作都需要在单位完成，所以，工作方式的不同也决定着以前的工作经验是否管用。

第三，公司的文化不同。

现在有些公司内部等级森严，上下级之间有明显的界限。一些下级为了博得上级的好感，会拼命地拍马屁甚至是阿谀奉承。但是也有一些公司并不存在这样的现象，同事或上级之间都是以业绩论英雄，有能力的人领导能力次之的人，没有能力的人靠边站。在这种情况下，如果想靠拍领导的马屁就获得晋升，恐怕是不行的。如果还沿用以前的工作经验，反而会让领导反感。

当然，还有很多细微的原因决定着第一份工作当中的一些工作经验是不能带到以后的工作中去的，这就需要我们自己去鉴别。如果不加甄别，一味地去套用经验，那么很有可能会吃苦头。

所以，大学生毕业之后一两年内如果换工作的话，一定要弄清楚自己所处的状况，不能让第一份工作成为自己的"紧箍咒"，要能够跳出第一份工作的影响，勇敢并且聪明地走上新的工作岗位，最后干出一番骄人的事业！

第二章

自由选择
只是一种幻觉

工作不是"拉郎配"，随随便便拉过来一个就能凑合。打开一扇门之前，我们必须要了解，这是不是我们需要的那一扇。人生虽然充满偶然，但怎么去选择是决定人生走向的前提。找一份适合自己的工作，别被"大材小用"，也别眼高手低。

多问问"我是谁"

初入职场，会面临各种困惑，对于应届毕业生来说，常常不知道该如何应对。因为工作对于应届毕业生来说都是大姑娘上花轿——头一遭。十六年寒窗苦读之后，大学生们都要丢弃掉自己原来的身份，走上工作岗位，这意味着自己再也不是学生了，而是一个肩负责任的"社会人"。

既然是换了一种身份，那么很多东西都需要认真考虑。走上工作岗位之前，每一位大学生都应该思考一些之前可能从来没有思考过的问题。

问题也很简单：我是谁？我能干什么？

小刘还有三个月就大学毕业了，对他来说，毕业既让他感到欣慰又让他感到紧张。欣慰的是，自己终于等到了能够自立的机会；紧张的是，自己还没有做好踏上工作岗位的准备，因为到现在还不知道自己想干什么，能干什么。

小刘大学所学的专业是计算机，四年来，他努力完成自己的学业，从来没有挂科，也很少旷课，专业课成绩都很优秀。很多人觉得小刘毕业后肯定能够成为一名出色的IT界人士，但小刘心里的想法却没有那么简单，虽说他读的是计算机专业，但他觉得自己的兴趣不在计算机上面，他想从事的是金融行业。

而且通过多次实践他也感觉到，自己所学到的知识不过是计算机的一些皮毛而已，一想到即将走上工作岗位，他难免有些底气不足。

而他想从事的金融行业门槛太高，自己又不是科班出身，所以他一时拿不定主意，不知道自己到底想干什么，能干什么。眼见着别的同学都拿着自己精心准备的简历去应聘，他却迟迟不敢行动。

相信很多应届毕业生都有过类似的迷茫，不知道自己想干什么，不知道自己能干什么。

现在社会上一些人批评大学生眼高手低，这也是由于部分大学生定位不准，将自己的目标定得过高，搞不清楚自己的状况，抱着不合心意就不做的想法，经常让自己陷入困境。

期望其实与自身定位有很大的关系，做好定位是十分关键的事。所谓定位，简单的理解，就是对自己有一个全面而清晰的认识。一颗聪明的脑袋远不如一颗清醒的脑袋。在就业大环境面前，竞争无处不在。但不管怎样，我们都要"以我为主"，考虑自己的需求。在家庭、学校、社会等种种压力面前，找出自己的优势所在，成功地实现"突围"。但问题往往也出在这里，定位谈起来容易，做起来难。俗话说：知人者智，自知者明。人最难认识的就是自己。因此在自身定位上，应届毕业生最易出现两种情况：一种是认为自己缺乏工作经验，没有任何价值可言，只能从事一些对经验要求不高的工作，或者与自己所学的专业知识彻底"决裂"；另一种是过高地评价自己，认为自己在学校里表现活跃或社会实践很优秀，想当然地将自己的身价抬高，盲目地对用人单位提出一些过高的要求，结果面临实际问题时却束手无策，难以受到用人单位的青睐。这两种类型其实都是不成熟的表现，职场远非我们所想象的那么容易，也远非我们所想象的那么不可逾越。

那么，怎样进行自我定位呢？

首先，我们应当将自身一些现状和条件罗列出来，比如优势、劣势、机遇、威胁。这四个方面看似简单，但许多应届毕业生理解起来都会有偏差。优势指的是一个人具备的别人所不具备的一些优点。我的口才比别人好，那么口才便是我的优势，我打字速度比别人快，那么打字快便是我的优势，哪怕是一些最微小的细节，只要我们比别人出众，那么都可以说是我们的优势。

劣势则相反，是我们身上不如别人的方面。知晓自己的优势

035

和劣势同样重要。

而对于机遇，很多人可能会很不理解，机遇怎么能算是一种条件呢？其实我们这里所说的机遇是指那些蕴藏在竞争当中的机遇，也就是要善于发现别人不能发现的机遇，只有这样，机遇才能成为个人的条件。

至于威胁，在确立自己竞争原则的条件下，几乎每个人都要面临这样的问题，把自己的竞争对手锁定在确切的位置，知己知彼，百战不殆，及时调整个人的发展方向。弄清楚了自身条件和现状，才能更快速、更稳健地向目标迈进。

其次，要给自己立一个靶子。

我国古代有这么一个故事。唐朝贞观年间，长安城东的一个磨坊里有一匹马和一头驴。它们是好朋友，马在外面拉东西，驴在屋里推磨。后来这匹马被玄奘选中，跟随他前往西域取经。

几年后，这匹马驮着佛经回到长安。它重回磨坊会见它的驴子朋友。马谈起这次旅途的经历：浩瀚无边的沙漠、高耸入云的山岭、凌峰的冰雪……那些神话般的经历让驴听了大为惊异。驴子惊叹道："你有多么丰富的见闻呀！那么遥远的道路，我连想都不敢想。"

马说："其实，我们跨过的距离大体是相等的，当我向西域前进的时候，你一步也没停止，不同的是我与玄奘大师有一个遥远的目标，按照始终如一的方向前进，所以我们打开了一个广阔的世界。而你被蒙住了眼睛，一生就围着磨盘打转，所以永远也走不出这个狭隘的天地。"

相信看过这个故事的人都会有所感慨。在定位清楚以后，就必须找准方向，给自己立一个靶子，好把人生之箭射向靶心，而这个靶心，就是你的目标。

最后，确定了目标之后，我们还要学会如何分解目标。

俗话说冰冻三尺非一日之寒，任何丰功伟绩都不是一天就能够造就的。宏伟的目标可以立下，但是不能眼里只看到这宏伟的目标，应当先确定一个大的目标，然后层层分解，分为几个小的目标，再把小的目标分解为更为具体的目标，这些具体的目标一定要切实可行，小目标实现了，才有可能实现大的目标。就像一个长跑运动员，如果只想着终点线，那么跑起来必定会感到累，因为终点线在很长一段时间内都离他很遥远，而一旦将路途细化为一个个100米、500米，那跑起来就不会感到那么累了。

总而言之，完成自我定位并非一朝一夕之事，但是只要我们认真去思考、细细去揣摩，按照这几个步骤来了解自己、根据自身情况定下目标、再分解目标一步步地去完成，那么久而久之，就会形成对自己的一个综合认知，也就知道了自己能干什么，想干什么。有了方向，我们难道还怕路不好走吗？

一份工作决定一个圈子

关于圈子，有这么一段颇为经典的话："普通人的圈子，谈论的是闲事，赚的是工资，想的是明天。生意人的圈子，谈论的是项目，赚的是利润，想的是下一年。事业人的圈子，谈论的是机会，赚的是财富，想到的是未来和保障。智慧人的圈子，谈论的是给予，交流的是奉献，遵道而行，一切将会自然富足。"

古语云：近朱者赤，近墨者黑，谈的正是圈子对人的影响。而这句话也一语道破了圈子对于一个人的重要性。前几年有一本书卖得很火，内容围绕着圈子展开，书名更是言简意赅——《圈子对了，事就成了》。也就是说，进对了圈子，更容易成事。但我们也知道，圈子并不是从娘胎里带出来的，而是需要一些机缘巧合和后天努力经营的。

在学生时代，受特殊的外部环境影响，学校多是采取一种封闭或是半封闭的管理方式，学生很难全身心地投入到社会生活当中。学生的圈子组成人员多是身边的同学和老师。一旦从学校毕业，这种外部环境的隔阂将不复存在。这个时候，毕业生们就会面临一系列问题：我需要什么样的圈子？什么样的圈子才是我该站进去的？

其实，这些问题没有确切的答案。俗话说，萝卜白菜，各有所爱。物以类聚，人以群分，一个人该进什么样的圈子似乎跟他的性格和为人有关。持这种观点的人可能是误解了"圈子"的涵义，我们所说的圈子不是单纯地指"朋友圈"。汉语中对圈子的解释是"指具有相同爱好、兴趣或者为了某个特定目的而联系在一起的人群"。朋友可以说是有相同的爱好或者兴趣，但走上社会之后，我们所要寻找的圈子则应该更为宽泛一些。

而"入圈"是一件需要非常谨慎的事，一个人的精力毕竟有限，不可能进入太多的圈子，所以，作为应届毕业生，选择圈子就显得尤为重要。圈子选对了，那么以后的路也许会好走很多；圈子选错了，难免会走很多弯路。

对于应届毕业生来说，第一个圈子当然处于第一份工作当中，因为这是大学生走上社会的第一个平台，所以，在选择这个平台之前，大学生应当审视一下自己所处的这个圈子是否是自己想要的，是否是适合自己的。

前段时间，我在朋友汪明的博客中看到这样一篇回忆性文章：

我仍记得自己刚毕业的第一份工作，那时候，学校还会管我们的工作分配。按照学校的分配，我去了县里的一家水泥厂，正经的国家单位，铁饭碗，这在当时可以说是令人非常羡慕的了。家人对我的这份工作也十分满意，在他们看来，铁饭碗永远吃香，只要踏踏实实地在里面干着，或许还能混个小头头当当，虽然国企的工资不高，但福利待遇也着实不错。他们的意见是，如果没有特别大的变故，我就该在这里待上一辈子。

说实话，我本来对这份工作也是特别的期待，毕竟读了那么多年的书，好不容易有一个养活自己的机会，我觉得十分欣慰，以后再也不用靠父母了。

但是，最后的结果却是连我自己也没想过的，在干了不到半年之后，我就毅然决然地选择了辞职。

家人很不理解我辞职的举动，包括水泥厂领导在内的人对我都是百般挽留，因为厂子里的大学生比较少，又是个小县城，所以厂领导都把我当成是干部来培养，并且给我许诺，两年之后办公室主任的职位必定是我的。

但我对这些条件丝毫没有动心，原因只有一个：我觉得水泥厂这个圈子并不是我想要的。

因为大学学的是文科专业，且我本身就对物理化学中那些复杂的公式毫无兴趣。更要命的是，我觉得自己身边缺少一个能让我感到有归属感的圈子。

我本身比较热爱文学，平时也好写些小文章，虽然只是一种兴趣爱好，但我总想着有朝一日能够靠着笔头吃饭。当时进了水泥厂的办公室，以为自己以后可能是要靠笔头吃饭的。但令我失望的是，在这里，我每天所要做的是管生产进度，给领导做汇报，有的时候也会写些东西，但无非就是一些令我看着就头疼的公文。

这还不是最要命的，最要命的是，我所处的那个圈子中，大部分都是已经在水泥厂干了十几年甚至是几十年的老员工，我作为一个大学生显得尤为独特。这些老员工本身并没有读过什么书，都是凭着经验在厂里干活，而且他们的思维比较僵化，每个人似乎都已经打算干到60多岁，然后从厂里退休，领点养老金和退休金，这辈子就算过去了。

作为一个年轻人，我的想法跟他们不一样，面对这死气沉沉的气氛，我深深地感受到压抑。而身边的这个圈子也让我时常陷入思考：我喜欢在这样的圈子里生活吗？

041

每每想到这里我都深感忧虑，渐渐地，也就下定了辞职离开的决心。

这便是我的第一份工作，现在想来仍然觉得有些遗憾。这遗憾不是说自己没有在水泥厂里坚持下去，混个一官半职，而是觉得自己当初选择工作的时候没有弄清楚自己真正想要什么。

时至今日，我与以前在水泥厂里的那帮同事已经没有了过多的联系，一来是道不同不相为谋，二来则是因为他们的思想与我有太大的差距，已经不能够填补我们年龄上的代沟。

而现在，一个令人忧心的情况又摆在了我的面前。前些年我去一些学校给那里的学生做就业培训，常常听到"先就业后择业"这样的话，每每听到这种话我都会反问学生们一句："难道你们就没有想过圈子吗？"

汪明的故事给我们这样的启示：如果没有认真思考就草草就业的话，你会失去什么呢，难道不应该认真想一下吗？

这其实是一道很简单的数学题。一位刚毕业的大学生如果只是把工作重点放在薪水上，假设他刚毕业时的薪水是每月3000元，以后每年都会加薪500元，那么五年之后，这位大学生的薪水也不过是5000元。如果五年之后，他从现在的岗位上离职，他得到的又是什么呢？

或许他赚到了一笔薪水，但这笔薪水不至于让他一夜暴富，或许他也学到了一点技能，但这技能也很难让他摆脱打工的现状。而那些无形的损失又有多少人能看到？

五年时间，如果能够进入到一个很好的圈子当中，那么他可以将这个圈子培养成以后发展的助推器。通过一个好的圈子，人可以看得更高，看得更远，五年后的平台也就非同一般了。

打工皇帝唐骏一生对网络痴迷。第一次创业失败之后，他选择暂时将梦想暂时搁置，加入了微软公司美国总部，并先后担任微软全球技术中心总经理、微软中国公司总裁。而这段经历，也为他以后的成功奠定了基础。唐骏在微软找到了这个世界上最好的"网络技术圈子"，这个圈子有他梦寐以求的导师、朋友，有值得他辛苦钻研的技术。

唐骏也曾说："我的成功可以复制。"他的成功有很多方面的因素，但圈子对他的帮助不言而喻。他在找工作的时候就想好了自己想要的圈子，而事实也证明，唐骏找对了圈子。

所以，大学生应该在第一份工作中找好圈子。第一份工作难免会带给人迷茫、模糊的感觉，假如在这个时候能够找到一个适合自己、对自己有帮助的圈子，那么这种迷茫、模糊的感觉就会逐渐消失，而这个圈子，也将会令我们终身受益。

一次找好一生的所有工作

曾经有一位大学生朋友小江向我倾诉了他的迷茫。他大学主修计算机，考研失败，公务员考试也落榜。毕业的时候，他无奈之下选择了和大多数人一样，踏上工作岗位，然而，他硬着头皮投出去的上百份简历却在很长一段时间内没有得到回音。

这位大学生朋友小江就是在这个时候认识了我，在他为找工作而忙得焦头烂额的时候。我想，作为一个过来人，我可以给他一点心理疏导。

我也知道现在大学生就业困难，所以我劝他，就业难并不代表着每个人都找不到工作，虽然毕业了，但找工作不能一蹴而就，还是要慢慢来。

后来，小江给我打来电话，说他投出去的简历终于等到了回音，本市的一家软件公司相中了他，给了他一个试用的机会。

小江深知机会难得，连忙答应了下来。在向我报喜时，他还说："总算找好工作了，以后再也不想为工作的事儿发愁了。"

我听出他这话的言外之意，于是试探性地问道："你的意思是自己以后就要在这家公司一直干下去？"

小江笑笑说："我被之前找工作的事儿烦怕了，现在这家单位也没什么不好，工资可以，福利待遇也不差，最重要的是，公司内部晋升渠道通畅，很有发展前途啊。"

听完小江的话我有些吃惊，这个初出茅庐的小伙子明显是对工作了解不多，所以才会有这样的想法，我得劝劝他。

"小江，你能在这家公司待上一辈子吗？你能保证这家公司在你有生之年都不会倒闭吗？"

"这……"小江开始支吾起来，显然，我说的这些问题他并没有认真想过。

"你这种想法其实很不好，没找到工作的时候漫天撒网，找着工作了又安土重迁，这样对你的成长是不利的，我劝你还是好好想一想，把自己要什么想清楚，也能把未来看得更明白些。"

小江好像听懂了我的话，他也不再说"一辈子待在这家公司"的话了，只是低声问我："你看我该怎么办？"

小江的这个问题问到了点子上。一名大学毕业生，上大学前，走过高考这座千军万马争渡的独木桥，毕业之后又面对现实社会严峻的就业压力。在这种情况下，很多人都像小江一样，找不着工作时心急如焚，找到工作之后却又紧紧抱住这条大腿，不管这条大腿到底值不值得抱，在一时半会之内都不愿撒手。

有这么个说法，穷人发家致富之后都会变得特别的抠门，因为他们穷过，知道贫穷的滋味，所以不想再回到贫穷的状态，虽然不是太正确，但是也说明了一些问题。这些一毕业就幻想永远待在第一份工作上的大学生们也有类似的问题。找工作的时候历尽千辛万苦，甚至是屡遭白眼，一旦找到一份自己觉得还算满意的工作，他们就不会轻易放弃，因为他们饱尝没有工作的痛苦。

这便是这个问题的内在原因，有多少人敢于放弃现在拥有的，去追寻那些理想。

所以，要解决这个问题，方法也很简单，既然是对未来的不确定存在恐惧，那么何不让未来变得确定些呢？

在这里，就要来谈一谈就业规划问题了。

大学生想一下子就找好一辈子的工作，无疑是一种缺乏规划的表现。缺乏职业规划可能会带来两种后果：第一，毕业之后盲目跳槽；第二，毕业之后待在第一份岗位上不敢轻举妄动。

所以，要想摆脱这种"一下子就找好一辈子的工作"的心态，制定一份切实详尽的职业规划就显得尤为重要了。

第一，找工作之前，应清楚自己想要发展的大致方向。

这里所说的大致方向，是指毕业之后到底想做哪一行。这当然是根据自己的兴趣来确定的:如果一个人对计算机行业感兴趣,那么他就不应该跳槽到销售行业;如果一个人对金融行业感兴趣,那么他就不应该去做计算机行业。这里所说的兴趣,其实就是每个人想要发展的大致方向。像阿里巴巴的创始人马云,从开始创业至今,基本上没有偏离自己的兴趣——互联网。通过互联网这个平台,他也实现了个人价值的最大化。

清楚了自己的大致发展方向,才能在找第一份工作的时候不至于漫天撒网,这对于刚毕业的大学生来说是尤其重要的。

第二,在清楚自己想要做什么之后,朝着那个方向去努力。

无论是在学校,还是毕业后进入社会,都应该紧盯着自己设立的目标,把一些可能会干扰到自己选择的外部因素挡阻在外。比如说找工作的时候,就算是遇到了困难,也不应该放弃自己所选择的那个方向,虽然我们可能会因此吃一些苦,但用不了多久,时间会证明吃这些苦是值得的。如果在此时放弃,那么以后的路也可能是"一步错百步歪"。

第三,在走上第一份工作岗位之前,应该给自己制定一个三到五年的目标。

人们都说,有了目标的人走起路来都更果敢一些。这话自然是带着些文学色彩,但却并不是完全没有道理。把一只蚊子放在一个倒置的透明玻璃瓶中,它会因为找不到方向而胡乱冲撞,但即使把自己撞得遍体鳞伤,它也还是找不到出路。如果大学生刚毕业的时候没有目标，那处境跟这只被放在瓶子里的蚊子又有何区别呢？

所以，制定一个规划尤为重要。这个规划不能太长，太长了就可能不切实际；但也不能太短了，太短了就不能称之为职业规划，而应该叫做短期目标。

第四，无论在什么时候，都应该向前看。

这里要提到的是一个眼界的问题。在我们身边不乏这样的人，他们二十多岁进入一家单位，一直干了三十多年，直到六十岁左右退休。他们可以算是一下就找好一辈子工作的人，但是年轻人大可扪心自问，你们愿意去过这样的生活吗？

047

所以，无论在什么时候，我们都应该要提醒自己，向前看，向着自己的目标看，而不是将自己困死在安逸当中。

总而言之，工作不是守节，不需要从一而终。而且，困住自己手脚的往往不是工作，而是一种心态。每个人都不想自己过着毫无进步、日复一日的生活。既然如此，那么就应当尝试着改变现状，越努力我们的选择就会越多，而对我们来说，随之而来的改变也就越来越好。

别奢望"付出总有收获"

提到付出,我们经常想起的就是"吃得苦中苦,方为人上人","苦"是付出,"人上人"则是一种回报,这是一种非常朴素的观念。每个人都希望付出和收获能够成正比,这种想法也是很多人愿意付出的动力所在。

古代练武之人,为了练得一身好武艺,夏练三伏,冬练三九,受一身的伤,受一身的累,却甘之如饴。不光是练武之人,习文之人也是如此,头悬梁、锥刺股,为的就是有朝一日能够金榜题名,出人头地。

付出假如能够收获回报的话,那当然是好的,但是我们也应当知道,付出与收获之间并不存在着必然的关系。也就是说,在很多时候,付出往往没有回报。而且,如果一味地苛求回报,那么往往会适得其反。

特别是对于刚刚毕业的大学生来说,大多都是没有什么经验的"菜鸟",总想着回报不是一件明智的事。假如棋错一招,那么很有可能会错失一些机会。

小吴是一名刚刚毕业的大学生,在一家私人企业上班。这家企业给小吴开的工资并不高,一个月两千多元,而且福利待遇也不怎么样，小吴对此颇有怨言。

这种心态也逐渐影响到了小吴的工作状态。由于小吴是拿着死工资，并没有绩效提成，所以他总想着自己反正多干少干拿的钱都差不多，又何必拼死拼活的呢？

有了这种想法，小吴每天都是先把手头上的活儿完成，然后坐在电脑旁干自己的事儿，他自己并不觉得这样有什么不妥，反正工资照拿，自己还轻松些。

最初的时候，小吴还只是不主动去做自己分外的事，到后来，小吴甚至对分内之事也置若罔闻了。

有一次，公司里一位同事生病请假回家，他手头上的事一时没有办法完成，于是老板将这个任务交给小吴，让他尽快完成。

小吴表面上应承了下来，私底下却是一百个不愿意：这是别人的工作，为什么要给我做？而且我做了之后一点好处都没有，就算是找人帮忙那也要别人同意吧，就这样交给我，真把我当成廉价劳动力了。

最后，小吴采取了消极的态度去应付这份工作，等到老板找他要成果的时候，他只是推说还没完成。这让老板十分火大，骂了他一顿不说，还决定扣光他这个月的奖金。

小吴不服气，找老板理论："这又不是我的工作，我没做完也不能扣我的奖金啊！"

小吴此话一出口，惹得老板更是火大："不是你的工作你就不能做一下了，再怎么说你也是这个公司的人吧，我交代给你的任务你应该去完成吧。"

老板的话让小吴有些生气，两人一来二去地争执起来，最后竟然谈到了辞职上。

其实小吴不知道，老板交代他这个任务还有另外一个目的，他想借着这个机会考察一下小吴的能力，并不是想为难他。但是被小吴这么一搅和，老板连跟他解释的兴致都没有了。

从小吴的这段经历中我们可以看出，小吴有以下两个毛病：

第一，作为一个刚毕业的大学生，对工资看得太重。

第二，总是奢求付出就有回报，没有回报的事就不愿意去做。

但小吴不知道的是，作为一个刚走上工作岗位的大学生，他的这些想法不仅给老板留下了极其不好的印象，最后也让自己损失了一个展示自己的大好机会，不可谓不可惜。

一个周末，我与朋友去市中心步行街游玩，途中朋友走路时不小心摔了一跤，我们当即找到附近的一家药店，准备买几个创可贴。这家药店门面很大，足足一百多个平方，但转了一圈后我发现，偌大的药店竟然只有店长一个人在上班。

周末还在上班，我觉得这位店长的确很不错。但上去跟他聊了几句，他才苦笑着对我说："哪是什么勤奋，这家店一天的纯利润不到300元，我如果不加班加点地干，最后怕是连员工的工资都发不出来了。"

当时我就很奇怪，这么大一家店每天怎么只有不到 300 元的纯利润？市场环境有这么差吗？据我所知，就算是一些县城的小药店，一天也不止有这个收入啊！

于是，当着店长的面，我开玩笑地质疑他的销售能力。

店长没有正面回答我，反问我："你说怎样才能把销售做好？"我沉默了。在接下来的一个多小时里，陆续有十来个顾客进来，除了三个买针的，其他均是买感冒药的。

这天冷得出奇，我在这位店长接待完这些顾客后，告诉他："你知道你的店为什么销售量上不去吗？一是你店面环境太差，商品陈列杂乱稀疏；二是你在接待顾客时言谈举止不专业；三是你的商品知识不全，不知如何推荐，不会搭配销售；四是你对店里缺货重视不足，备货工作没做好。"这位店长很虚心："我有很多工作确实没做好，但总公司发的钱太少了，有时店里做了工作却看不到回报。"

我笑了笑，这才是问题的关键所在吧。

我相信很多店都会碰到这种情况，如果老板给的钱无法满足员工的内心需求，那么很多员工可能就会消极怠工，因为他们觉得自己的付出如果得不到回报，就没必要那么卖命了。

这种想法当然是错误的。虽说付出不一定有回报，但是我们也一定不要忘了，不付出那是永远都没有回报的。

一个真正懂得自己价值的人不会过于在乎结果，因为他们知道，自己的价值可以靠自己的双手去创造，而不是靠物质去体现。一个人如果了解自己的价值，那么他就知道，自己在任何时候都能够靠自己的双手去创造，而不用贪图一时的小利。

第三章

别让心中的成见
把你拖垮

工作伊始，大家可能没有明显的差距。你挣三千，我挣两千，并没有多大的差距。但几年之后，你生活的环境，你进入的公司，会全方位地塑造你的职业价值观，甚至是社会价值观，大家的差距慢慢就拉开了。要相信：择业时无理由的傲慢与偏见，对你有百害而无一利。不要怪社会太现实，只能怪你太单纯。

不要等着工作来"敲门"

美国有一部著名的励志电影——《当幸福来敲门》。这部电影讲述的是主人公从贫穷到富有的过程。史密斯扮演的主人公加德纳最初只是一名医疗仪器推销员，当他意识到自己的这份工作不能让他养家糊口时，他毅然决定重新找一份工作。

后来，他到一家知名的证券公司应聘。作为一个没有学历、没有背景的新人，他吃尽了苦头，在收到录取通知的第二天，他还因为欠债被关进了当地警署。

但最后的结果是令人欣慰的，加德纳获得了这个职位，并且通过自己的努力，成了一名股票经纪人，最后还创办了自己的公司。

这虽然只是一部电影，但却是根据真实故事改编而来的。电影中的主人公加德纳的原型正是美国华尔街著名股票公司老板克里斯·加德纳。他天资聪颖，而且擅长计算，电影中的主人公也是如此。

但如果加德纳仅仅只是擅长计算、脑袋聪明的话，他就能够获得成功吗？

答案当然是"否"。如果加德纳只是拥有非凡的头脑而不去主动"找工作"的话，那么他也很难成功。

所以说，一个人，就算再有实力，也应该主动去找工作，而不是等着工作来敲门。

以前大学生被誉为"天之骄子"，现在大学经过多次扩招，上大学的门槛不再如几十年前那样高，大学生的数量也在不断增长。当"物以稀为贵"的时代过去，大学生们应当要认清楚一个现状——自己没有那么金贵了。

很多人能够认清这种现状，但是仍然有一部分人还是会不由自主地陷入"我是大学生，我不用担心工作"的盲区当中。

刘晓天是一名标准的90后，生于农村，长于农村。他读书很努力，也很刻苦，高中毕业以超过重点线二十多分的成绩被北京的一所重点高校录取。晓天考上大学时，家人还特地为他在县城里举办了升学宴，甚是隆重。因为在老一辈人的眼中，能够考上这么好的大学，而且还是在北京，那可是很了不起的。一些长辈甚至笑着说："考上了这样一所名牌大学，以后估计都不用找工作了，单位会主动来找你的。"

刘晓天听完笑了笑，但也觉得这话很是在理。

一转眼四年时间过去，刘晓天就要大学毕业了。他凭着踏实勤奋的性格，成绩在班上一直名列前茅，奖学金也拿了不少次。

但令他感到郁闷的是，还有一两个月就要毕业了，自己却还没有找到一份钟意的工作。而他的一些同学，八成都已经找到工作了。

而刘晓天呢？

大四开始之后，他也去过学校的招聘会，但每次他都是转一转就走了，一来他觉得这些岗位都不是最适合自己的，二来他心中有些傲气，觉得我在这么好的学校，取得了这么好的成绩，还用得着挤破头皮往用人单位投简历？所以，直到毕业前，他都没找到一份像样的工作。

六月底，别的同学拿着毕业证书走上了早已经联系好的工作岗位，刘晓天却还在懊恼，心里期待的工作一直没有找上门来。老家的父母也在替他担心，儿子大学毕业了，本想他能很快就找到一份优越的工作，可他却失业了，一家人都陷入了煎熬之中。

其实，旁人很容易看出来问题出在哪里。

刘晓天虽然是名牌大学出身，但在找工作的积极性上却还不如一些专科的学生。现在大学生数量激增，工作岗位的数量却不增反减，以前的大学生是供不应求，现在的大学生是供大于求，所以，用人单位和求职者之间的身份就发生了转换。用人单位再不用像以前那样拼命地去拉人才，只要名头够响，很多大学生自然会递上简历。

而刘晓天的思维还停留在上个世纪，他认为自己是天之骄子，企业会把他当成"抢手货"，但是他想不到的是，企业虽然需要人才，但几场招聘会过后，简历堆积成山，他们又何必为了某一个人而煞费苦心呢？

刘晓天有没有能力？我想这个问题并没有什么异议，他无疑具备一定的能力。但仅仅拥有了这种能力是否就能够找到一份好的工作呢？

举个例子说，有两个学生面临毕业，需要到社会上去寻找工作。其中一个学生小王学业成绩在班级名列前茅，另一个学生小李学业成绩则处于中等水平。几个月后，小李主动到企业推销自己，终于在一家大型国有企业找到了一份不错的工作。而小王一来以为自己学业成绩好，找工作不成问题，二来处事不够灵活机动，缺乏与他人的沟通和交流，直到毕业前夕也没有找到一份工作。

这个例子说明在找工作的时候，拥有自我推销能力的人往往能够掌握主动权。

在许多人眼中，学习知识的能力、科研能力、思维能力、动手能力、社交能力是大学生不可缺少的，而对推销自己的能力则缺乏应有的认识。有些人书生气十足，对社会现实知之甚少，使得自己与社会处于隔离状态，在与别人交往时显得有些笨嘴拙舌。由于缺乏基本的推销自己的能力，有些人尽管有才华，但像"茶壶煮饺子，有货倒不出"，因此难以让用人单位了解，寻找工作时也会比较费劲。

在人才匮乏的时代，用人单位求贤若渴，学生的自我推销能力弱一点也无所谓，学生一般不用走出校门，最后都会被分配到用人单位。而在高等教育由精英化向大众化转变的今天，就业形势不容乐观的情况下，自我推销能力就显得非常重要。尤其是那些性格内向，不善于与人交往的学生，更应有目地提高自己的人际交往能力，做到扬长补短。毋庸置疑，善于与人交往的人会获得比他人更多的选择机会。

所以说，大学生想要获得一份好的工作，不能只等着工作来敲门，必须要学会自我推销，而自我推销的关键就是自我表达。

表达被誉为"敲开企业大门的第一块砖"：应聘者首先要向用人单位递上一份简历，表现的是文字表达能力；与用人单位一见面，开口交流就是口头表达能力的展示。一些高校就业处的负责人也谈到，性格内向、不善于表达成为大学生就业困难的主要原因之一。某公司一位工作人员说，表达能力在实际工作中是很重要的，如果不善于表达，必定影响人际关系，影响自己其他能力的发挥。

表达好了，就能够将自己的优势展现得淋漓尽致；如果缺乏表达能力，就算你满腹才华、能力卓越，恐怕也很难吸引用人单位的注意。高考像是千军万马过独木桥，找工作又何尝不是。我们要想平安稳妥地走过这座独木桥，不妨先练习一下过桥秘诀——踊跃争先，把最好的自己展现出来。

不是所有的信息都可信

前段时间，朋友向我讲述了他儿子毕业找工作时的一段坎坷经历。

朋友的儿子名叫小州，长得很精神，做事也干练。我觉得像小州这样的年轻人应该是不愁工作的。一来是学校不错，二来呢，小州人品不错，脑袋瓜子也很好使，这样的人也是在社会上最吃得开的。

当我把这个疑虑抛给朋友时，只听他苦笑着说道："你说的都没错，但是你应该也知道，刚毕业的大学生最缺乏什么。"

我点了点头："经验。"

"没错，小州就是吃了没经验的亏。"

接着朋友将儿子找工作碰壁的事向我娓娓道来。

小州大学学的是通信管理专业，虽说这个专业不是热门，但也绝对不是冷门。现在通讯行业发展势头正猛，非常需要像小州这样的人才。可小州毕竟没有工作经验，想靠自己的能力进入移动、联通这样的大企业似乎有些困难，所以小州打算先在一些小的通讯公司磨炼一段时间，等自己羽翼丰满了再图发展。

打定了主意，小州制作好了简历，接着便上网浏览一些招聘信息。

虽说工作不好找，但小州也不甘心找一份无法糊口的工作，但他在网上看了半天，也没找到一家公司开出的工资超过3000元，一般都是2000元左右，绝大部分还不包吃不包住。

小州一时气馁，继续浏览，突然，他发现了一家中型的通讯公司的招聘信息：本公司成立已近十年，总部在广州，现为拓展外省业务成立一家新的分公司。

这家公司开出来的薪资条件也很诱人，本科生底薪3000元，外加餐补，五险一金，双休。小州粗略浏览一遍之后觉得这家公司很适合自己，于是就投了一份简历。他怕遇到虚假招聘，还上网查了一下这家位于广州的通讯公司，发现的确存在，而且这家公司的网站看起来也很正规，上面也说了公司最近在拓展省外业务。经过这些查证之后，小州打消了心底的疑虑。

第二天，小州就收到了这家公司的通知，让他下午到公司面试。

面试也是一帆风顺，两位面试官都对小州表示了满意。就在小州以为自己将要踏上工作岗位之时，对方却提出一个条件："你是大学生，今年刚刚毕业，我们公司要替你们这些新员工做培训。你也知道，现在一些大学生心浮气躁，很多人在培训之后就拍屁股走人了，我们公司也不能白花精力和财力替你们做培训，我们的目的是让你以后能够留在公司工作。所以，每个大学生都要求缴纳1000元的保证金，这个保证金在做完一个月培训后，正式上岗的时候退还给你。"

小州当时想一想也觉得没错，如果每个人在接受完培训之后都离开了，那公司的损失谁来负责呢？所以他没有多想，就交了1000元的保证金。

但是后来小州突然发现，这家公司的招聘存在着很大的问题。

在培训时，公司负责人告诉小州等一批新职员，分公司主要是负责当地的市场调查，所以不需要这么多的技术人员，会在培训时采取末位淘汰制。这一批二十多人中，只能留下三人，其余的人都会被转为劳务派遣人员，从事派遣工作。

小州最后毫无意外地被淘汰了，因为公司留下的三名新人根本就不是大学生，而是他们从外面请来的人。这时谁也不想自己变成一个没有固定工作保障的劳务派遣员，这二十多人，包括小州在内通通都选择了辞职，而那1000元当然也是没法拿回来的了。

其实，像小州这样有受骗经历的大学生不在少数。由于大学生社会经验少，往往容易轻信一些有陷阱的招聘信息，而这也成了很多骗子牟取私利的突破口。

我们根据一些大学生朋友的亲身经历，总结出了以下几种招聘骗局，希望能够给那些找工作的大学生提供一点帮助。

陷阱一：骗取资料出售牟利。一些骗子会针对一些商家的需求，通过招聘获得学生资料，然后转手再卖给中介公司牟利。

陷阱二：利用招聘赚取点击率。一些长相漂亮的女学生是这种陷阱的主要受害者。曾经有一则新闻就报道过一位李姓女同学在网上看到一则招聘空姐的广告，她觉得以自己的条件可以胜任空姐这份工作，于是将简历发到了对方的邮箱当中，其中还附有自己的一些生活照和艺术照。但是等了大半个月之后也没见对方给她消息，最后她才发现，自己的照片被对方放在一些不正规的网站上。

陷阱三：骗取报名费、保证金。朋友的儿子小州正是中了这一招。现在有一些空壳公司实际上并没有自己的业务，他们就是靠收取应聘者的各种报名费、保证金来给自己牟利。最常见的是一些假影视艺术公司，他们利用他人想要成名的念头，很容易就将别人骗得团团转。

陷阱四：做传销。胡同学通过求职网站被一家公司录用了。到该公司上班时被告知必须先交5000元户口费。交钱后才发现正式入职前还需要先拉5个人前来工作。网上假招聘俨然成为传销组织的新型"拉人头"手段，一些在校或刚毕业的大学生则是传销组织的"发展目标"。"好工作""高收入""前途无限"等诱惑性宣传加上传销组织限制人身自由，导致一些大学生陷入传

063

销漩涡，难以自拔。

陷阱五：模糊概念，令人不知所云。有的公司在招聘信息上写着转正后月薪3000元以上，包食宿。但实际上，工资却经常与绩效挂钩，也就是说如果一个月无法完成规定的任务，公司也许还会倒扣工资。有的人最后可能被扣得一分不剩。至于包食宿，他们可能会给你一间十几平米的房子，几个人一起住不说，环境还差得要命。对于这种公司，求职的大学生们应当警惕。

陷阱六：以试用期换取廉价劳动力。这种骗局很简单，但是却是最难防范的。大学生进入一家单位之后，会经历一段试用期，一般是一到三个月，一般试用期的工资都不多，很多人在试用期结束后就被告知不合格，公司不能录用，这让很多求职者叫苦不迭，既没赚到钱，又耽误了很多时间。

陷阱七："黄色陷阱"。这对于女大学生来说是最深的陷阱。一些公司打着招聘"文秘、公关"的旗号，骗女学生入局，结果却让对方做一些不正规或不合法的工作。据《潇湘晨报》报道，湖南某大学女学生李某，通过网络将个人资料发出后，不仅被骗走了近300元钱，自己的私人资料和相片还被发在某色情网站上，总有陌生人打来骚扰电话，这让她感到烦恼和恐惧。

以上这些是大学生求职当中经常会碰到的七大陷阱。要想摆脱这些陷阱，就必须对每一份招聘信息进行斟酌、审查。比如说，在决定投简历之前，应当事先在网上查一下，这家公司是否存在，有没有招聘资格，"三证"是否齐全，口碑如何，如果是一家骗子公司，那么或许早就有人在网络上爆料过，网上查一下也许就什么都清楚了。

而对于那些骗取廉价劳动力的公司，大学生们也应当主动去学习一些法律知识以作备用。我国《劳动法》规定，试用期工资不得低于正式工资的80%，而试用期内也该有试用合同，绝非毫无保障。

现在社会上的确存在着很多的招聘陷阱，但是只要求职者能够擦亮眼睛，那么这些骗子的伎俩就不会那么容易得逞。最后也要提醒各位大学生朋友，当我们遭遇这些虚假招聘信息和骗子公司时，一定要记得用法律的武器还自己一个公道！

别被所谓的"热门"工作"绑架"

我们都知道，当今社会发展相当快，十几年前，手机还未普及，那时候固定电话很热门。等到手机逐渐普及，发展到人手一部的时候，手机行业成了热门行业。试想，在移动电话刚刚步入社会之时，有多少人能够想到这一行会有如此强大的生命力。

这便是"冷热门"哲学。冷门有可能成为热门，热门也有可能在某一天突然"降温"，变成冷门。

相信每一位大学毕业生在进入大学之前都有过选专业的经历。其中很多高中生在进入大学之前，由于缺乏对大学和社会的了解，他们最终选择的专业大部分都是凭着前辈或者是师长的指点决定的。

去年堂侄子高中快毕业时，堂兄就曾经找过我，他说："孩子现在也不知道要选什么专业，你上过大学，又在外地工作这么多年，应该比我们清楚些。现在工作不好找，你帮他选一个好找工作的专业吧。"

我当时就笑了，选专业怎么能朝"好找工作"这个方向去呢？诚然，现在大学里的专业有冷有热，冷门专业如中文、数学、物理等一些理论性比较强的学科，热门专业如材料、道路、会计等实用性的学科，但我不认为堂侄子就应该去选择一个最好找工作的专业，道理很简单，最好找工作的专业并不是适合每一个人的。

同样，在找工作的时候，大学毕业生们也不能忽视这一点。并不是说热门行业、热门公司就适合每一个人，如果只知道随大流找工作的话，那么对于大学生来说无异于削足适履。

黄强大学读的是经济管理专业，他上大学前的梦想是能够做一名出色的会计师。但是，他所在的学校实力并不出众，自己也没有丰富的实习经历，以至于毕业时投递的简历通通如石沉大海。无奈之下，黄强选择了退让。当时班上的一些同学到一些银行应聘做客户经理，这"客户经理"的名头虽然好听，但工作内容就是推销银行的金融产品。

黄强也选择了这条路。他本想着自己做会计师的梦想是破碎了，但是在银行里福利待遇都不错，混个十年八年的应该也能小有所成。

可黄强进入一家银行之后才发现，现实远比他想象的要残酷。这家银行给每一个新到岗的客户经理都下了任务指标，即一年要拉来上千万的存款，否则不光没有年终奖，还有被炒鱿鱼的风险。

黄强老家并不在本地，他在这座城市里的熟人不多，更别提有钱的熟人了。虽然他也曾经到一些写字楼里"扫楼"，希望能够通过这种上门营销的方式为自己赚取一点业绩，却收效甚微。眼见着自己的任务没法完成，黄强选择了退缩，他向行里申请做一名窗口出纳。

熟悉银行业的人都知道，在银行大堂里坐班是一件十分枯燥的工作，而且对于个人能力的锻炼十分有限。

最要命的是，黄强本身并不喜欢这样的工作，每天打卡上班，他坐在柜台后，迎接着每一个来办理业务的客户，感觉自己的思维都麻木了。

在一次工作中，黄强由于个人疏忽，工作上出现了重大失误，导致一位客户的资金不能及时转入指定账户内，最后客人发了脾气，黄强本来就有些郁闷，再加上心情失落，就跟客人吵了两句，双方不欢而散。

最后的结果是，黄强被辞退了。

黄强的经历无疑证明了一个道理：不适合自己的工作是不会和自己走到底的。

其实追逐热门这样的想法本身并没有什么大错。我们经常说"跟着人走就不会迷路"，大学生在毕业之后最怕的就是迷路，如果靠自己单打独斗的话，那么难免就会有迷路的危险，所以很多人在这个时候都会选择跟随大众。

零点集团一项"中国青年人生活方式及消费调查"显示，公务员已经成为当下青年人的首选职业，76.4%的受访者希望到企事业、党政群机关就业。其中国家公务员考试报考人数更是连年递增，从2011年的90.2万人到2015年的128.7万人，反映出公务员持续"高烧"的态势。

有网友评论说："旱涝保收的稳定收入、安如磐石的职业稳定性、较为光鲜的职业体面感和不为人知的若干高福利，使公务员成为中国最热门的职业。"

但最热门的职业就是最好的职业吗？如果人人都朝着做公务员的方向努力，那合理吗？中国有一句俗话："三百六十行，行行出状元。"有数不胜数的名人就是从所谓的冷门行业一步步做大做强的。

中国著名商人、阿里巴巴的创始人马云，在做电商的时候，有多少人会认为这是热门行业？当时互联网方兴未艾，但是马云却始终朝着互联网这个方向发展，最后终于将它做成了大热门。

所以说，冷门和热门只是一种表象而已，有人在热门行业里昏昏度日，也有人在冷门行业里闯出了一片属于自己的天地。碰到热门专业不能脑子一热就全然不顾自己的兴趣、能力了，碰到冷门行业更不能嗤之以鼻。行业就如人一样，今天的落魄秀才可能是明天金榜题名的状元。只有以一颗平常心去对待"冷热"，我们才能够在最冷静的状态下做出最适合自己的选择。

069

把腰杆挺直了再找工作

有很多人将工作称为"打工"，除非是自己做了老板，否则工资再高、混得再好也会称自己只是一个"打工仔"而已。这话说出口或许有些心酸，但也反映出了求职者和用人单位之间的一种微妙关系。

本来员工与公司之间只存在一层关系，那就是劳动雇佣关系，但由于一些文化和经济因素，越来越多的人将用人单位看成是一种类似于"主人"一样的角色。

前段时间我上网浏览信息，看到很多大学生都用这样的话来表示自己找到工作这件事："已经跟××公司签订了卖身契。"

初时看着觉得很搞笑，但仔细一想，这话当中似乎又蕴含着些许凄凉的味道。

为什么大学生对待工作会是这样一种态度呢？原因很简单，现在社会竞争激烈，工作难找，一份好的工作更是可遇而不可求。这就像商品市场一样，当货品供小于求的时候，很多买家都会自动找上门来；但是如果供大于求，那么恐怕卖家就得费一番心思去讨好买家，好将自己的产品推销出去。

关于大学生找工作时受委屈的事儿已经是屡见不鲜，前段时间我就听朋友说起过这样一个故事。

某一本院校毕业的女生小钟，大学攻读的是法学专业。这专业要是搁十年前，那是相当的吃香，但是由于近几年很多院校都有了法学这个专业，而与法律相关的岗位又门槛甚高，所以像小钟这样的法学毕业生，一毕业就面临着失业的危险。

小钟也深知自己的处境，所以在大四上学期的时候，她就开始为自己制定详细的求职攻略，包括跑校内招聘会和外校招聘会，甚至是一些人才市场的招聘会，她都会尽量赶去投简历。但由于与专业相关的工作实在太少，入职要求又很严格，直到大四临近毕业的时候，小钟仍然没有与任何一家公司达成工作协议。

不过小钟并没有气馁，她觉得自己过了司法考试，而且大学成绩也一直不错，只要自己坚持下去，就一定会有结果。

在毕业典礼前的一个星期，她又去参加了本市人才市场的一场招聘会。在这场招聘会上，她终于发现了一个比较适合自己的岗位——一家消防器材公司的法务专员。

这个岗位薪资不错，而且公司规模较大，在小钟看来，这无疑是很有发展前景的。

第一轮面试小钟顺利通过，在场的面试官告诉她，以她的能力和学历，这份工作她是可以胜任的。

正当小钟信心满满地准备着第二轮面试时，却接到了公司的一通电话，电话中，对方告诉小钟："公司现在有一个重要的客户，需要我们去接洽，如果能把这笔订单搞下来，那么第二轮面试就可以直接免掉了。"

小钟一听很是高兴，觉得有这样一个免试的机会真像是中了大奖一样。虽然她心中也有疑虑，毕竟她所学的专业应该是不需要拉订单的，为什么公司会这么决定呢？

直到小钟赶到对方所说的酒店才明白，原来，对方觉得小钟这姑娘长相不错，口才也很好，做业务员很是适合，于是才跟她提出这样的条件。

当小钟得知这个消息时，她心中泛起嘀咕来，这份工作很难得，她非常想得到，但是公司却又给她提出了这样的要求。

在酒店门口踌躇了一会，小钟终于还是决定进去赴会。

但事情却超出了她的想象。在酒桌上，公司的客户见小钟长相甜美，屡次言语轻薄，还借着酒劲用上了"咸猪手"，小钟害怕自己的举动让公司受到损失，也就忍气吞声。但她没想到，自己的忍让换来的是对方的变本加厉，而且公司同来的几个人也不帮她解围。

酒过三巡，那名客愈加过分，忍无可忍的小钟这时终于爆发了，她一下挣脱客户的手，哭着冲出了房间……

最后的结果可想而知，小钟吃了亏，却还是没有得到这份工作。

我很同情这位姑娘的遭遇，但也对她的"忍气吞声"感到遗憾。这份工作对于小钟来说固然很重要，但是就算再重要，她也没有必要委曲求全。幸好她最后毅然决然地摆脱了他人的纠缠，否则她可能要因为自己的一味忍让而懊悔终生。

现在有一种观点认为，大学生刚毕业的时候什么都没有，就是一张白纸，是没有资本跟这个社会以及用人单位谈条件的。

但我认为，大学生的确应该常怀谦卑的心态，只有谦卑的心才能换来自身的进步，但谦卑不是卑躬屈膝。因为从关系上来讲，用人单位和求职者之间应该是公平的，在公司内部，只存在上下级的领导关系，而不应该存在地位上的隶属关系，所以大学生求职的时候不应该低声下气，唯唯诺诺，应该挺直了腰板去找工作。

在现实生活中，也有一些大学生存在着骄傲自满的情绪，他们表现出来的既不是谦卑，也不是一种自尊，而是一种盛气凌人的高傲，这一点是十分不可取的。用人单位不能将我们看低，我们也不能鄙视任何靠能力起家的公司。

所以，大学生们应当在这中间找到一个平衡点，既不能放弃原则和底线，也不能自大自欺，轻视任何人。一个成熟的人应当明白，给别人尊重，自己才能收获尊重，而自尊永远都是一个人性格上不能抹去的光芒。如果一个人为了工作可以放弃自尊、原则、底线，那么我们也可以断言，这样的人可能会一时得到这份工作，但是在以后的工作和生活当中，他会失去得更多。

别以为"菜鸟"就是"挡箭牌"

"不知者不罪"是中国人表示对人不知情时所犯错误的一种宽恕，也是中华民族的传统美德之一。意思是一个人如果是由于不知情而犯下错误，那么就应该有专属的"豁免权"。

但是，这句话并不是放到任何地方都适用的。

在职场当中，不知情本身就是一种错误。这是因为，职场中每个人的工作都像是一颗螺丝钉，在公司运作的这台机器上，一旦某个环节出现问题，就会出现牵一发而动全身的局面。所以说，在很多情况下，职场错误可能是致命的。

很多刚踏入职场的人会觉得，自己是新手，刚走上工作岗位的时候对工作难免也有一些懵懂，在这个时候犯错也是难免的。

其实对任何人来说，他都不可能将所有的事情完成到百分之百，偶尔也会出现一些意外情况，例如说在规定的期限内没有完成上级交代的任务、由于自己的疏忽导致任务出现问题等，这都是再正常不过的事情了。

但是，在实际工作中，很多新人却仗着自己的新手身份，觉得公司和老板都应该理解新手，所以做起事情来马马虎虎，以为自己是新人就有无限犯错的权利。毫无疑问，这种想法才是最可怕的。

小何大学毕业之后进入一家公司做宣传干事，他的日常工作就是将上级部门的意见传达到各部门当中。

有一次，经理交代给小何一项重要任务，并且要求他在第二天下班之前将这一信息传达给各个部门。那段时间，小何都是租住在朋友家中，每天都为找房子的事儿忙得焦头烂额，竟一时间将这件事儿给忘了。当经理怒气冲冲地找到他时，小何才知道事情办砸了。好在他也有认错的心，便诚恳地对经理说："对不起，我最近私事儿太多了，每天都有些心神不宁，下次我一定注意。"

经理见小何认错态度不错，也就没有多加追究，只是提醒他，下不为例。

但是，这样的事情接二连三地发生，甚至有几次还影响到了公司的一单大生意，这让经理十分不悦。更让经理生气的是，小何已经没有了第一次那样的认错态度，每次工作出现问题，小何都会说这样一句话："经理，你也知道我是新手，对工作上的事情还没有特别熟悉，所以出现错误也是难免的，我会继续努力的。"

这话小何第一次说的时候，经理睁一只眼闭一只眼也就过去了，但是当经理发现小何每次犯错之后都拿这句话做挡箭牌的时候，他就有些愤怒了："你是新手？新手又怎么样，难道新手就能一直犯错吗？我看你不是对业务不熟悉，而是对自己太放纵了吧！"

经理的这番话让小何很是委屈，他心里暗想："我的确是新手啊，哪个新手不犯错，而且新手犯错了公司就应该多多容忍，否则我们怎么会有成长呢？"

但这一次公司显然没有给他回旋的余地，在搞砸了公司的一次日常例会后，小何终于还是被炒了鱿鱼。

小何的想法没有错！公司是应该对新手多些容忍，好给他们更好更快的成长环境。但是在小何这件事上，问题并不是出在公司身上，而是出在新手个人身上。

为什么？

著名法学家贝卡里亚曾经说过，当一个人意识到自己的身份能够给自己带来好处的时候，他就会无限度地将"身份优势"利用下去。也就是说，当一个人觉得自己的新手身份能够给自己带来更多的包涵时，他在心态上就会产生一些不良的变化，觉得自己的这重身份可以是自己犯错的挡箭牌。如此一来，就会形成一种恶性循环，错误也会一直出现。

这是一些年轻人的通病。当工作出现失误后，他们首先想到的是如何将责任从自己身上推开，即使推不开，也会想办法让自己少承担一些责任，将问题归咎于一些客观因素。

对于一个想要在职场中获得良好发展的人来说，这样的想法是非常可怕的。因为一个人如果找寻借口逃避责任，那实际上也是在拒绝给自己一个成长的机会。一犯错就以新手为借口，那么这个人也只能永远是只菜鸟。

所以年轻的大学生们应该要明白，犯错并不可怕，工作完成的好坏并不关乎身家性命，但是如果养成了爱找借口的坏习惯，那么以后的工作也很难变得顺利起来。

其实，应届毕业生走上工作岗位之后，除了经验不足之外，应该存在很大的优势。只要不滥用新人身份，的确可以带来不一样的效果。

比如说，同样一件事，新人和老员工干得一样好，老板当然会夸赞新人，因为他觉得，对于一个刚走上职场的新人来说，能够干到这种程度已经算是相当不错了。而同样一个错误，新人和老员工都犯了的话，那么，老板通常会责备老员工。并不是每个人都是铁石心肠，没有恻隐之心，但是作为新人，我们也不能没有自知之明。

在犯错后爱耍小聪明的人是难以取得老板信任的，更不能做好自己的本职工作。借口是干好工作的大障碍，一个人与其费尽心思地找借口，还不如把这心思花到工作上。每个人都要明白，所有的公司都是以产生利益为最终目的的，老板需要听的不是借口，而是你完成任务的方法和最终交给他的结果。在接二连三的错误面前，没有人会对你的菜鸟身份感兴趣。

其实现在很多公司都愿意接受和培养应届大学生。近两年，华为、阿里巴巴等一些著名公司都开始了新一轮的调薪计划。以华为为例，调薪后，本科生薪水将在8000 ~ 9000元，研究生调高至10000元左右。此外，还将根据个人、专业、地域等拉开薪酬差距，"不搞一刀切"。这意味着如果你足够优秀的话，起薪过万也并非难事。

华为这样做的目的很简单，就是鼓励新人更好地成长起来。

大学生踏上社会之后总要往前走，不可能一直以新手的身份自居，能够尽快地完成角色转换，对自己也是最有利的。菜鸟总有一天会变成老鸟，新员工也总会成长为老员工，以新手身份为挡箭牌，无异于饮鸩止渴。要知道工作没有借口，人生没有借口，而失败也是不存在借口的。

"从一而终"可遇而不可求

我国"两弹一星"元勋朱光亚先生曾经说过，我这一辈子都只是在做一件事——搞中国的核武器。朱先生一世终一事，凭着这种执着，为我国的科技事业立下了汗马功劳。

一辈子只干一份工作的憧憬在很多人心中或许都曾有过。中国人"安土重迁"的念头一向很重，如果能够待在一家公司，从事自己愿意为之奋斗终生的职业，也未尝不是一种人生境界。

但在现如今的职场中，在双向选择的大背景下，这种情况已经很难发生了。既然如此，那么应届毕业生就应该要主动去明白一个道理："工作不是守节，从一而终可遇而不可求。"然而，很多大学生在找工作的时候往往会忽略这个问题，陷入以下两个误区。

误区一：在找工作时，很多应届毕业生都面临着巨大的压力。当他们感受到就业压力后，在找工作的时候就会显得格外的谨慎，而这种谨慎并非体现在寻找适合自己的工作上，而是千方百计地去找一份能让自己安稳下来的工作。

国内专家曾经做过一项针对大学生就业意向的调查，调查组发现，近几年，"进编制"成为应届毕业生首选的职业规划，民营企业吸引力显著下降。在一道多选题中，国有企业得到50.86%的受访者的青睐，"支持率"遥遥领先。32.84%的人考虑进事业单位，打算报考公务员的有21.23%。与之对照，只有20.49%的毕业生将求职意向锁定为"大型民营企业"，而对中小企业有兴趣的只有8.4%，在全部选项中排在最末，过去令人向往的外资企业，也只有33.83%的支持率。

这份调查针对的还是国内一些重点高等院校，数据来源也十分可靠。

从这项调查中我们可以发现，大部分人选择国企、事业单位和报考公务员都有一个原因：认为这一类企业具有稳定性。何为稳定性，假如一名大学生毕业之后选择一些小型的民营企业，那么相信很多人都不会认为这有什么稳定性。因为在小型民营企业当中，很容易受到市场等一些客观条件的冲击，一旦遭受冲击，那么这份工作就有可能不保，这当然不能算稳定。

而在国企、事业单位当中，这份工作就显得稳定得多。而我们也知道，多数人进入体制内的目的就是为了能够一辈子待在里面，图的是一份稳定，也算是一辈子只从事这一项工作了。

而在实际就业去向上，调查组发现，逾六成毕业生的去向为企业，其中八成以上在民营企业。与两年前同类调查的情况相比，民营企业就业比例有所增加，成为应届毕业生就业的主渠道。

专家称："访谈时，大部分同学认为'有编制的工作'在稳定性和薪酬上都更有吸引力。大家对于外企的兴趣明显下降。"

应届毕业生应当仔细思考一下，就算是要找一份做一辈子的工作，那么是否有必要都往体制内挤？如果工作不适合自己，也要强求吗？

误区二：在工作岗位上，现在大学生对于跳槽这件事儿的态度呈现出两个极端。有人认为，工作本来就是养家糊口的事儿，既然是这样，那么找工作的时候就应该找一份能让自己过得舒服的工作。一旦我们在工作期间发现更好的机会，那就应该另择良木；还有人认为，对于工作而言，经验永远是摆在第一位的，要想获得经验，那就要在一家单位里待得足够久，而且待得够久的话，自己的资历也上来了，还怕没有前途吗？

不难发现，这两种观点都反映出大学生对于工作的迷茫。

在这里，我觉得，对于大学生跳槽这件事应该以一种客观中立的眼光去看待。首先得分析一下手头上的这份工作。如果我们觉得自己手头上的工作是自己感兴趣的，并且看起来很有发展前景，那么大可留下来持续发展。但是如果这份工作自己并非那么感兴趣或者也没有什么发展前途的话，这个时候就应当审时度势，做出一个决定了。

大家都知道，辞职其实是一件十分艰难的事，如果把人生比作一盘棋局的话，那么辞职虽然看起来像是一颗小棋子，实质上却是牵一发而动全身的。在一家单位待得太久了，会逐渐习惯一种固有的生活方式，而且一帮同事在一起多年也会逐渐产生感情，有了这种感情的牵绊，很多人都难以做出辞职的决定。

也有人是瞻前顾后，总担心自己辞职之后在新的岗位上达不到自己的预期目标，甚至还不如之前的状态。正是这一系列的顾虑让很多想走的人又不敢走，等到自己下定决心的时候，却发现时间已经被自己耽误了太多。

综上所述，我们并不赞成频繁跳槽，但也不会鼓励大学生将精力耗在一份完全不值得的工作上。总而言之，每个人都应当根据自己的情况，为自己制定一个合适可行的工作规划，既不要盲目"守节"，也不可让自己大半生的精力都耗在"找工作"这件事情上。

准备两个口袋：一边装钱，一边装知识

有人把社会比作一所大学，现实中的大学不是想上就能上的，但是对于社会这所大学，却是人人都不得不念的。只要一个人踏入社会，那么他就是这所"大学"的学生，不管是没读过书的人，还是拥有博士学位的人，在社会这所大学里，都必须要学习。

这个将社会和大学联系起来的比喻很是恰当。凡是有过一

段比较复杂的生活经历的人,凡是经受过社会锻炼和考验的人,凡是在事业上有所建树、有所成就、有所贡献的人,都会有切身的体会。

社会是一所大学校。它不仅是人生的大学校,也是知识的大学校,还是检验和测定人的素质高低、知识的运用能力以及社会应变能力、社会活动能力等综合素质的大学校,更是弥补自己经验不足,锻炼和提高综合素质的大学校,也是人生的一个大考场!

很多大学生毕业之后可能会有这样一种想法:上了十几年的学,如今总算是不用再学什么了。殊不知,在社会这所大学里,应该学的东西更多。

有的人将工作简单地理解为挣钱,养家糊口。很多人都会认为,要是有钱,我又何必去工作呢?抱着这样的想法,很多人就只会一门心思地盯在工作上,工作之外的事情很少关心。至于学习嘛,那更是抛到九霄云外去了。

其实这是人们对"学习""工作""挣钱"三者关系的一种误解。

在很多人眼里,工作是为了挣钱,所以工作之外的一些事如果不能立刻带来经济效益,那也就没有必要去做。但他们不知道,其实学习正是为了更好地工作,也就是为了能够提升自己的能力。

中国有个传统故事叫"磨刀不误砍柴工",在这个故事里,将刀磨快了的那个年轻人比他的两个哥哥打来了更多的柴，虽然他砍柴的时间不如两个哥哥长，但是刀变锋利了，做起事情来也就事半功倍了。

同样的道理，一个人要是能够将自己的能力不断提高，那么工作效率也就会产生质的变化，这何尝不会产生效益呢？

著名生物学家渥沦·哈特葛伦在年轻时曾是一名挖沙工人，长年累月的劳作使他萌发了必须要成就自己人生事业的欲望——成为研究南非树蛙的专家。按照哈特葛伦所受的教育，他并不具备这方面的才能，但他从1969 年开始，就把大部分时间和精力用在了这项研究上。他每天都收集150 个标本，共做了大约300 万字的笔记，终于找到了南非树蛙的生活规律，并从这些蛙类身上提取了世界上极为罕见的一种能预防皮肤伤病的药物，从而一举成名，获得了哈佛大学的博士学位，并成为美国《时代》周刊的封面人物。

试想一下，如果渥沦·哈特葛伦从挖沙工转为树蛙研究者之后不注重学习，只是抓几只树蛙来做解剖，那他还能够获得如此大的成就吗？

这是名人的故事。其实，我们身边也有很多这样的例子。

几年前，我坐火车去南方某城市出游，在车上，我遇到了两位二十出头的年轻人。旅途很漫长，而我又是一个健谈的人，于是主动找他们攀谈了起来。

细细了解之后我才知道,原来这两个年轻人是大学同学,一个叫杨炎春,一个叫魏浩,这次是结伴去沿海某城市找工作。两人也都是特别有趣的人,一路上我们聊得十分投机。在我下车之前,还互换了彼此的联系方式。

后来,我们断断续续也有联系,这两个年轻人碰到一些工作上、生活上的麻烦事儿时也会找我倾诉。我听说他们俩进了同一家广告公司,但具体做得怎么样我并没有打听。

直到那天我接到了一个电话。

电话是魏浩打过来的,令我诧异的是,魏浩在我接通电话"喂"了半天之后都没有反应,我知道他可能又碰上什么烦心事儿了,于是耐心地告诉他,有什么事跟我说,不会有事的。

打消疑虑之后,魏浩才跟我打开了话匣子:"前辈,我跟炎春之间的关系出现了问题。"

"啊!"我不由得吃了一惊,这两人是大学同学,现在又是同事,这么多年的感情怎么会说出问题就出问题呢?

细问之下,魏浩才告诉了我事情的原委。

原来,两人毕业后进了同一家广告公司,都是做广告策划。但是两年后,杨炎春已经是广告部的副主任,而魏浩却还是在原地踏步,没有丝毫进展。本来是同学的两个人现在一个成了领导,一个成了下属。因为工作的原因两人多次吵架,魏浩觉得杨炎春这是当了官就不认兄弟了,任凭杨炎春怎么解释,魏浩都听不进去。在给我打电话之前，他们已经有近半个月没有说过一句话了。

知道事情原委之后我问魏浩："你是不是嫉妒人家杨炎春现在混得比你好，所以心中有些不忿？"

魏浩倒也坦诚，他在电话那头叹口气，说道："要说不眼红那是假的，我们两年前毕竟还是在同一条起跑线上，但是现在他成了我的上司，我肯定会有想法。但我今天给您打电话不是来说自己的不是，而是想请教您一个问题，为什么他杨炎春就能当上副主任，我就只能原地踏步呢？"

听到他的这番话，我便笑着问道："你敢保证自己付出的和人家炎春一样多吗？"

我的话显然是击中了魏浩的心坎，这下他不说话了，过了良久他才回答道："的确，炎春这两年来每天都窝在出租房里看书、做笔记，跟广告相关的书和案例他都不知道看了多少遍，这是他努力的结果。"

我接着问："那你呢？"

魏浩在电话那头苦笑道："我这两年干得最多的事儿就是打游戏，每个月的月底等着发工资，其他的还真没干什么。"

我开导了他一会之后，挂断了电话。

说实话，魏浩的遭遇让我生出恻隐之心，但我又觉得这是他"自作自受"的结果。魏浩不学习，而杨炎春一直在学习，所以两个人一个在进步，一个原地踏步。现在产生这样的局面实在是情理之中的事儿。

其实对于大学生来说，学习本身是一件很轻松的事儿。十几年的学堂生涯练就了他们非凡的学习能力，能够很快地掌握知识，而在走上工作岗位之后，如果能够把自己这股子劲用到学习上，又何愁不能升职加薪呢?

所以，每一个走上岗位的大学生都应当谨记，工作是为了挣钱，这本没有错，但如果想让自己能够更好地工作，更早地达成人生目标，那就必须要磨一磨自己手里的"那把刀"，时刻准备两个口袋：一边装收益，一边装获取收益所需要的技能。只有这样，人生才能真正地走向一个妙不可言的良性循环!

第四章

前进路上有风景，
也有陷阱

职场如此险恶，你要内心强大。如果你碰到一份没有竞争和压力，只有和蔼的面试官、丰厚的薪金、充裕的假期的工作，相信我，你遇到的不是上帝，那是骗子。天上永远不会掉馅饼，只会掉石头。切勿抱有侥幸心理，当了别人的小白鼠，你可以没有经验，但不可以没有清醒的头脑。

捂紧口袋再求职

现在社会上有很多针对求职者的招聘陷阱，甚至有一些公司，不靠经营业务维持自己的日常运转，而是依靠向求职者索取一些名目混杂的费用来维持生计。这不但扰乱了正常的社会秩序，也让很多求职者上当受骗，叫苦不迭。

曾经有一位大学生向我抱怨，他那时候刚刚毕业不久，正急于找工作，投出去很多简历，好不容易收到一家公司的面试函，结果面试通过准备上岗的时候被人骗了。

对方竟然向他索要500元的上岗费，他觉得这很有可能是个骗局，再三斟酌之下打消了交钱的念头，但这也让他的找工作之旅蒙上了一层阴影。

上海一家媒体曾经刊登过这样一则新闻：

刚到上海不到两个月的潘小姐急于找到一份好工作，她在招聘广告上看到某公司正在招聘经理助理、实习主管等若干个职位，就把简历寄到了该公司。

没过多久，这家公司打来电话请潘小姐上门面试。据潘小姐描述，面试当天，办公室里总共有3个工作人员，除了她之外，没有其他求职者。人事经理向她介绍了公司的情况，没问几个问题，就表示要录取她，月薪1600元，第二天上班。不过，在正式上班前，她必须经过一个月的实习，在这一个月里，她将能享受到免费的培训。

随即，人事经理拿出一份实习协议。潘小姐发现，尽管她应聘的是经理助理，但协议上却注明"在公司提货享受六折优惠，四折作为提成奖，多劳多得"等有关销售职位的条款。她对此提出疑问，对方却表示没关系，上面的内容与其无关。求职心切的潘小姐于是糊里糊涂地签下了自己的名字。

谁知一转身，人事经理又拿出几件化妆品，要求潘小姐拿300元"提货款"，把这些产品拿回去研究，第二天要考试。潘小姐只得拿出身上仅有的200元，答应剩下的100元明天补齐。

付了钱的潘小姐越想越不对劲，当天下午，她又回到那家公司，表示自己不要这份工作了，想要拿回200元货款。人事经理当然不肯，协议都已经签好，不仅不能退钱，如果潘小姐毁约的话，还要付500元毁约费。要想拿回200元，只有等到一个月实习期满后。

潘小姐这时才幡然醒悟，原来这所谓的应聘只是一场骗局。

据媒体报道，新闻中的主人公潘小姐之前有过一年半的工作经验，但面对招聘骗局时，仍被骗得团团转。

所以有人在面对一些层出不穷的骗局时会有这样的感慨："不是我太傻了，而是现在的骗子实在是太聪明了。"说到这种骗钱的伎俩，我们有必要将现在社会上广泛存在的一些招聘陷阱一一罗列出来。

第一，想要入职，先交培训费。

在正常情况下，公司对新员工的培训是不能收取任何费用的，因为公司的目的是让员工能够尽快成长起来。但是一些骗子公司利用一套荒谬的逻辑，让求职者相信，公司有心将你们留下，但是培训有成本，不敢保证每个人培训完之后都能留下来，所以要先交一笔培训费用。一些求职者会因此中招，最后往往是培训结束之后对方变脸，弄得求职者不仅工作没找到，还赔了一笔钱。

第二，许诺高薪，先交一笔钱。

求职者大都想找到一份高薪水的工作，对于大学生而言，这种愿望尤为强烈。在一般情况下，现在一线城市的应届大学生平均工资普遍都在 4000 元左右，一些骗子公司正是利用大学生求高薪的心理，将起薪开得特别高，用以吸引求职者。

例如，一家公司开出"欢迎社会新人，薪水5000元起"这样诱人的宣传语来诱使求职者上钩。等到求职者办理"入职手续"时，对方就会要求应聘者交"建档费""服装费""风险押金"等一系列费用。一旦求职者缴纳了这些费用，结果往往是公司不见了，面试官也凭空消失了，留给求职者的只有无尽的悔恨。

所以大学毕业生在找工作之前一定要了解一下职业市场，根据自己的能力定下期望薪资，也不能一门心思地盯在工资上，当对方开出高工资时一定要留下一点心眼。

第三，串通医院分赃，坑求职者的体检费。

前段时间网上就有这样一个帖子，说某单位招聘员工之前，会要求面试者提交一份体检报告，而且体检必须要到指定医院，其他医院的体检报告他们都不认。这其实就是一种"变相骗钱"的把戏。黑中介经常利用求职者急于找工作又不清楚体检程序等，假装按照正常的招聘程序，依次进行面试、笔试、体检等项目，向求职者收取近百元的体检费，通知求职者到其指定的医院体验。

3天以后，当求职者拿到体检结果时，会被"黑中介"以各种堂而皇之的理由拒绝，或者增加一些条件让求职者自己知难而退（例如要求再交费用、改变工作承诺，甚至说工作内容就是做苦力来吓唬求职者等），体检费则被黑中介和医院瓜分，求职者只得有苦难言。就算"幸运"通过了体检，黑中介也是能拖就拖，应聘者根本没有工作的机会。

第四，给毕业生就职制造困难，以此收违约金。

大家都知道，一般在毕业季会有一些公司进入学校举行校园招聘，这其中大部分都是一些正规的公司，他们的目的是招聘人才。但是也有一些不正规的公司，靠着制造困难，不让学生正常上岗等一系列的手段，间接逼迫学生辞职，从而收取学生的违约金。这些手段包括故意分派到偏远地区工作、变更工作性质，甚至是在薪水上另执一词，目的就是让学生无可奈何地"违约"，然后乖乖地交一笔违约金。据一些媒体报道，毕业生违约时交纳的最高违约金竟然高达五万元。

以上就是职场招聘当中经常出现的一些以骗人钱财为目的的陷阱，每一招都很阴险。所以说江湖险恶，求职者特别是像大学生这样的菜鸟，更是要注意。那么，想要规避这些陷阱又有哪些事项是要注意的呢？

首先，一定要懂一点法律常识。我国《劳动法》中对于劳动者和用人单位之间的关系进行了很详细的阐释。在劳动者上岗前以至工作后，用人单位都无权以任何名义向劳动者收取不合理的费用。所以，如果一家公司以各种奇怪的名义向你收取费用，那么这十有八九就是在骗人，因为用人单位无权这样做。

其次，大学生本身也应该清楚自己的定位。有些骗子利用的正是现在很多大学生眼高手低的毛病。大学生想要高薪，他们就打着高薪的幌子，于是，一些眼里只有高薪的大学生纷纷上当，沦为受害者。

最后，在遇到这些骗局时，一定要保持冷静。一些骗局看似天衣无缝，实则破绽百出。在确定跟自己打交道的是一家骗子公司后，就应该拿起法律武器，用法律来严惩这些不法分子。

总而言之，求职路上充满风险，但只要一个人足够细心，不那么浮躁，那么骗子和骗局也都难以近身。在这里，每个刚出校门或者即将出校门的求职大学生都应该记住一个道理：面对收钱的招聘时，都应该保持怀疑。在求职路上时间和精力都很宝贵，每个人都得学会一点"防身之道"，只有这样，好的机会才不会被错过。

火眼金睛识别虚假招聘

招聘中存在着陷阱，但是应聘又是获得工作的一条重要渠道，想避开招聘直接获得工作，这对于一般的大学生来讲几乎是不可能的。所以，每一位大学生都应该正视招聘，既不能因为社会上存在一些虚假招聘就"因噎废食"，也不能全然不顾危险鲁莽行事。

《孙子兵法》有云："知己知彼，百战不殆。"想要灵活地规避虚假招聘，那就必须要先了解一下社会上到底存在哪些虚假招聘，它们的本质和特征都是什么。

我们都知道，骗子费尽心思想骗人上当，无非就是图一个"利"字。弄清楚了这一点就可以知道，在面试过程中，当面试官要求我们付出某些代价作为条件时，这样的招聘十有八九就是骗局。

除此以外，我们又该如何具体地去辨别一场招聘是否是虚假招聘呢？我们可以尝试从招聘信息的解读上入手。

第一，如果一家公司的招聘信息上内容不完整，信息不明确，如无工作要求，无工作内容，无薪资待遇，那么这很有可能就是一则虚假招聘信息。因为一般的公司在招聘时会写明工作岗位，如工程师、程序员、编辑等。同时，工作要求也会在招聘信息中体现出来。而薪资更是我们判断招聘是否正规的重要准则。如果一家公司开出的薪水出奇的高，我们就需要留意一下他们的工作内容了。例如，现在网络上有一些"兼职打字，月薪上万"的招聘信息，这种"高薪低能"的招聘就很有可能是虚假招聘。一些正规的招聘就算无法给出具体的工资，也会打上"面议"二字，不会含糊其辞或者绝口不提。所以如果一则招聘信息上出现上述问题，那么就很有可能是虚假招聘。

第二，如果一家公司的招聘信息上写着"长期招聘、大量招聘"等类似的话语，那么这很有可能就是虚假招聘。因为在正常情况下，一家公司所招收的人员都是由其具体情况而定的，就算

095

是公司员工流动性比较大，也不大可能出现长期或大量招聘的事实。如果出现这种情况的话，那么求职者就应该要注意一下了。

第三，如果一家公司的招聘信息上没有具体的公司地址和联系方式，那么这很有可能就是一场虚假招聘。因为用人单位只有写清楚公司地址和联系方式才能够让求职者主动进行联系，如果刻意不写出来的话，那无非是"暗藏鬼胎"，求职者应多加留意。

第四，同一家公司同时招聘多个不相关联的职位，那么很有可能就是虚假招聘。因为公司的经营范围一般都是固定的，做广告的公司不可能去搞装修，金融公司不可能去做家政。如果求职者看到同一家公司在招聘两个根本毫无联系的岗位，那么几乎就可以判定，这是一场虚假招聘。

以上是虚假招聘可能存在的破绽。接下来可能有人要问了，如果一家公司的招聘信息完全合理，找不出任何虚假的迹象呢？

要想解决这个问题，那就得从"人"这个角度入手了。我们都知道，招聘是求职者跟用人单位之间进行的活动，求职者是个体，用人单位也必须派出面试官对求职者进行面试，所以，只要从面试官这里入手，就可以找出一些破绽。

面试官都是一个个的普通人，既然是普通人，那么他说话的方式就可以成为我们判断真假的依据。一个人说真话和说假话的时候存在着一些细微的区别，只要求职者能够认真地去听，也就一定能够发现问题。

　　根据心理学家的调查，一个人如果说真话，他一般会用第一人称，而且表现得很自信。打个比方说，如果一位面试官在说话的时候每次都用"我们公司""我在公司""我"这样的词语，那么说明他所说的这家公司极有可能真正存在，而他也的确是这家公司的一份子。如果他在问问题的时候表现出一种自信，有一种想要把你难倒的气势，那么虚假的可能性就比较低。

　　只有当一个人身处某种环境当中，并且想让自己所处环境变得更好的时候，他才会设下门槛审核要进入的人。而现实中，很多面试官正是这样子，他们可能会进行一连串极其刁难的发问，而且有的问题甚至会让人感到过分。但是这至少说明了一个问题，这个面试官是货真价实的。

　　与之相反的是，一些虚假招聘的"面试官"在发问时很难做到一针见血，往往是问一些不着边际的话，而且特别倾向于夸大自我。比如说总是有意无意地夸大自己在公司里的一些业绩，如"我当年……"等。当求职者听到对方说这种话时，就应该停下来想一想，或者适当地问一句："我非常欣赏你做的这些事，你能不能简单地给我讲一下，你在这个公司里具体做了什么，你向谁汇报，你在这个项目中具体给客户做了哪些事情。"如果对方能够答上来，那说明大致没什么问题；如果对方支支吾吾敷衍过去，那么就证明对方很有可能是在说谎。

有些虚假招聘的面试官在谈话时会显得十分流畅，流畅得跟背书一样，这也是一个值得怀疑的地方。因为面试官面对的每个求职者都是不同的，他也不可能只准备一套问题，必须得有一些临场发挥。如果没有一丁点带着"人情味"的问题，那说明对方可能只是在背答案而已。

除了语言上的信息，求职者还应该多注意一下面试官非语言方面的信息。以下这些是最基本的非语言信息：

1. 目光接触。面试官与求职者必须要进行眼神的交流，这是人力资源部门工作者一项最基本的训练。目光接触代表的是友好、真诚和自信。我们都知道，一个人说谎话的时候会尽量避免与他人进行眼神上的交流，所以，我们可以通过这一点来判断。

2. 打哈欠。正常情况下，打哈欠只是代表一个人精神上出现了疲乏，但如果面试官在面试过程中频繁地打哈欠，那么极有可能说明对方已经产生了厌倦。从这一点来判断，对方很有可能是真的在为公司招人，只是求职者让其提不起兴趣而已。

3. 双臂交叉放在胸前。这一般是代表一种防卫、生气或者是不同意。面试官此时出现这种动作时说明对方是在认真地与求职者做交流，只是由于一些意见上的不合或者其他原因才表现出这种姿态。

当然，以上列举的只是一些最基本的非语言类信息，这里无法一一陈述。

我们在这里说的都是如何辨别虚假招聘信息，那么真实的招聘信息又该是怎样的呢？

在规范的招聘信息中，第一项往往是公司的介绍。比如说，××有限责任公司成立于××年××月××日，属于民营企业，目前为×××行业领军企业，年营业额×××元。另外，公司员工人数、企业文化等信息都会在招聘启事中有所体现。

之后一般是招聘岗位以及岗位条件，例如年龄要求、性别要求、学历要求、能力要求、岗位职责、工作经验、其他要求、工资待遇。

最后，一般是要求面试者携带简历或相关证件参加面试。而每一则招聘信息的背后还应该有公司的具体地址和联系方式。

以上这些就是一则合理正规的招聘启事所应该具备的一些条款。像大学生这样的求职群体，由于缺乏找工作的经验，就更应该去了解这些最基本的招聘常识。要想不吃亏，就得先让自己变聪明，学会规避陷阱。

别当了人家的"免费劳工"

招聘骗局有很多类型,有的骗局是直接骗取求职者的钱财,这种骗局往往比较简单,只要招聘方向求职者索取财物,那么十有八九就会露馅,而求职者看清后,就不会有什么损失。

但是有的骗局却不是那么容易就能被识破的,比如说那些以骗取廉价劳动力为目的的招聘。像这一类的招聘在人才市场上也经常会出现,而这一类招聘被识破的几率也远远低于那些以直接骗取钱财为目的的招聘骗局。

我的朋友姜君就有过这样一段被骗的经历。

姜君21岁时从大学毕业,他酷爱文学,大学读的又是汉语言文学专业,他曾经的梦想就是成为一名作家。

但姜君的梦想在他大学毕业时就显得有些遥不可及。事实上,别说是成为一名作家,当时,他就是想找到一份像样的工作都很困难。因为学校只给他们设定了两个就业方向:一是文秘方向,到一些企业做行政文秘;二是做老师,去学校教书育人。

遗憾的是,姜君对这两种工作都不感兴趣,用他自己的话来说,他只想做一个靠文字生活的人。怀着这样的憧憬,面对着这样的社会环境,姜君走出了大学校门。

100

当时姜君一门心思地想走文学这条路，他觉得找工作的话，最好是能够去一家出版社或者出版公司，这样一来，他能够更多地接触到自己想要从事的事情。

抱着这样的想法，他将简历一封封地投了出去。在这期间，他始终坚持要做文字这行，导致毕业都两个月了，还没有任何经济来源。

后来，姜君终于收到了一家出版公司的面试通知，对方表示对姜君的简历很感兴趣，只要过来面试，合格的话会安排上岗。而这个岗位的职责也并不复杂，就是负责公司一些书稿的撰写。

姜君得知这个消息之后十分兴奋，为此他特地上网查询了一番，发现这家公司很正规，在网络上的招聘也经过实名认证，应该不会有什么大问题。姜君觉得自己职业的春天总算是来了。

后来的面试过程也是异乎寻常的顺利。面试结束后，公司当天就通知他，明天就可以过来上岗，但提出的条件却是：因为你是新手，所以首先要在公司实习一个月，实习一个月后转入为期 1~3 个月的试用期。实习期没有工资，试用期的工资是转正后基本工资的一半，而转正后的基本工资有两千，而且还会有稿费提成，且劳动合同也只有在转正之后才能签订。

这个条件在姜君看来无疑是有些苛刻的，因为他为了找工作已经失业了两个月，在这两个月当中，他没有任何经济来源，如果在这家公司先实习一个月，再试用一到三个月，那么在很长一段时间内他可能都无法养活自己，这让他有些紧张。

姜君考虑了一下，觉得这次工作机会实在是难得，而且他也明白，刚毕业时没有跟别人讨价还价的权利，所以，他最终还是接受了这份工作。

说实话，姜君在实习阶段的工作并不轻松，他所撰写的书稿也不是特别简单，每天早上八点钟上班，下午五点钟下班，除了中午一个小时的休息时间之外，姜君的大部分时间都花在了工作上。当时他身上已经没有多少钱，为此还特地向朋友借了一笔钱度日，但姜君对此毫无怨。他觉得，这是公司在考验他，称一下他到底有几斤几两。只要自己能力够强，最快两个月就能转正，所以更是要加倍努力才行。

实习期很快过去，在这期间，公司没有给他发过一分钱工资，连餐费都没报销过。接下来的试用期，情况有了些好转，公司每个月给他1000块钱，虽然这点钱少得可怜，甚至是低于当地的最低工资水平，但姜君毫无怨言，他继续努力工作，只求在第一个月的试用期内就能凭借着能力转正。

但当第一个月试用期过去时，姜君期盼的结果并没有到来，他得到的消息是继续试用。对此，姜君觉得可能是自己在某些方面还做得不够，所以公司还需要继续考验一番。

接下来是第二个月的试用期、第三个月的试用期，姜君在这家公司整整待了四个月，当他以为终于能苦媳妇熬成婆了的时候，却在月底接到了公司的辞退消息。对方称姜君的工作能力仍然难以胜任这项工作，试用期结束，1000元工资照给，但不给他转正，请他另谋高就。

这个消息让姜君顿时萎靡下来，这四个月他付出了那么多，最后得到的却是这样的结果，这让他心有不甘，但是不甘又怎样呢？说好的是试用期，这是双方的一个选择过程。他觉得在这期间，无论是员工离开公司还是公司辞退员工都是合法的。无奈之下，姜君只得强打精神，重新投入到找工作的状态中。

等姜君有了些工作经验之后，才幡然醒悟，原来自己毕业时所经历的其实是一场骗局，因为根据法律规定，所谓试用期也叫适应期，是指用人单位和劳动者为相互了解、选择而在劳动合同中约定的不超过6个月的考察期。目的是让劳动者和用人单位相互考察，以决定是否建立劳动关系。根据《劳动法》第二十条的规定，劳动者在试用期的工资不得低于本单位相同岗位最低档工资或者劳动合同约定工资的百分之八十，并不得低于用人单位所在地的最低工资标准。

而找遍《劳动法》，姜君也没看到有关"实习期"的这一说法，但这家公司却私自设定一个月的实习期，并且在这期间没有给姜君一分钱的报酬。所以姜君后来判定，这家公司是为了从他身上获得最大的利润，才将他骗招进去的。

从姜君的经历中我们不难看出，这种以骗取廉价劳动力为目

103

的的招聘实际上也是一种间接的"骗钱"行为。因为劳动者在工作当中必然能够产生效益，如果用人单位光用人不给钱或者是给极少的钱来应付劳动者，那么劳动者所创造的大部分财富甚至是连自己应得的一部分都被用人单位克扣下来，这也是一种变相的骗钱行为。

而这对劳动者的积极性也是一种打击。试想，如果一个人付出努力却连最基本的生存回报都得不到的话，他还有什么热情投入到之后的工作当中去呢？

所以，求职者，特别是刚毕业的大学生群体，必须要时刻警惕，远离这种骗局。要想远离这种骗局，就应当严格按照法律的程序走自己的上岗之路。

在姜君的故事中，我们可以看到，他受骗的原因就是当时不懂法，并且太过相信别人。所以，我们要想避免这样的事情发生在自己身上，就应该走另一条更加稳妥保险的道路。

首先，在与用人单位交流时，一定要问清楚工资、福利待遇等一系列的问题，只有先了解清楚具体情况，才不至于完全丧失主动权。

其次，如果对方约定有实习期这样的无理要求时，可以断然拒绝，也可以向当地的劳动仲裁部门申请仲裁。如果对方约定试用期，那么就一定要记住，试用期最长不能超过六个月，且一般以签订劳动合同的年数为标准。比如说，签订一年的合同那就是一个月的试用期，两年就是两个月，以此类推。另外，试用期工资不低于正式工资的80%。

一定要记住，空口无凭，一切权益都只能靠合同保障。就算是试用期，也应要求与公司签订劳动协议，在协议中可具体约定试用期期限。签订劳动协议前要仔细阅读，有什么不合适的地方也应该及时指出来。

最后，如果由于自己粗心大意被对方所骗，那么一定要记得留下自己在该单位工作过的一些证据，将情况反映到劳动仲裁部门提请仲裁。如果对方不接受仲裁结果，也可以拿起法律武器，向人民法院提起诉讼。

总而言之，想要靠自己的双手创造财富，就不能光靠勤劳，还必须要提防一些令人防不胜防的骗局。只要多留心、多留意、多学习，就算只是一个刚毕业的大学生，也能够从鱼龙混杂的招聘市场中找到适合自己的职位！

小心招聘信息中的隐晦用词

有这样一则招聘信息：

"本公司实力雄厚，现由于业务需要，需长期招聘××职位，人数若干，工资面议，一切从优，转正之后享受正常待遇……"

这样一条招聘信息有什么问题呢？答案很明显，用词过于隐晦了。

一般来说，招聘信息是用人单位为了能让求职者尽快了解公司并寻找适合公司所需求的人才而设置的。用人单位没有那么多的时间和精力去主动与求职者接触，所以必须要通过某种手段吸引求职者，这种方法就是贴出招聘启事。

在面试过程中，求职者和用人单位之间都必须有一个相互了解的过程，求职者一般都准备有自己的个人简历，而用人单位的"简历"便是它的招聘信息。

一般来说，公司在招聘信息中会如实写上公司的基本信息以及招聘的具体需求，但这其中也不乏一些公司，出于某种目的将招聘信息写得很是晦涩，这就需要求职者自己去解读了。

那么，求职者应当注意招聘信息中的哪些措辞呢？又有哪些是隐晦用词呢？这些隐晦用词的潜台词又是什么呢？

用词一：广阔的发展空间。

很多公司都会在招聘信息中提到这一点，说某一职位具有广阔的发展空间，这给求职者的第一印象就是，这个公司可能发展得比较好，假以时日，一定能够有所成就。

但大部分人可能并不知道，一些雄心勃勃的小公司最喜欢在招聘信息中用这个词语，他们说发展空间很广阔，但是背后的潜台词可能是，我们公司现在的薪水很低，规模也很小，只有等到公司发展起来后，大家才能有广阔的发展空间。

所以在看到这种招聘信息时，求职者应想一想，在这家公司能否有所发展，如果来这家公司上班，不到几个月就辞职了，或者是说做了没多久公司就经营不下去了，那么再广阔的发展前景又有什么用呢？

用词二：工作时间灵活。

现在的年轻人都崇尚自由，所以也有很多公司在招聘信息中提出"工作时间灵活"，以此来吸引求职者。但这种灵活的工作时间并非就一定是完全自由的，而且提出这种条件的公司一般都是刚成立的新公司，或者是一些非营利性机构。

另外，我们也应当灵活地看待"灵活"这个词语。所谓的灵活，是指这家公司可能不需要朝九晚五地坐班，但这并不意味着工作时间就很短，也并不一定意味着员工就能完全支配自己的时间。比如说，一旦公司有任务，那么就算是你在家中睡大觉，那也得起来干活。所以一家公司说工作时间灵活的时候，一般是需要员工按公司的需要随叫随到，而不是按照员工个人的时间计划来工作。

用词三：长期招聘××职位，人数若干。

这种信息在很多网络招聘中经常出现，也是让很多求职者既高兴又疑惑的一点。什么样的公司是需要长期招聘某职位？而这

"若干"又是多少呢？这可太说不准了。

事实上，这种岗位大多对公司运转起不了关键的作用，比如说，一些工厂会常年招收普工，人数也不定，因为普工这个职位对一家工厂的运转影响不大。而从另一个方面来说，这种岗位一般都具有员工流动性较大的特点，这说明该岗位要么是工资上不尽如人意，要么是工作性质令人难以接受，必定不是什么美差。

如果求职者看到这种信息，一定要多加小心，这种"随意"招聘也意味着这份工作可能并不稳定。而且，现在有许多骗子公司，利用这一信息放低门槛，尽可能多地吸引求职者前来应聘，好从他们身上骗取财物，这也是求职者应当警惕的。

用词四：善于发现并解决问题。

这句话也经常出现在很多公司的招聘信息中。乍一看，这会让很多人摸不着头脑，公司招人的目的不就是解决问题吗？再者，"善于发现问题"该如何理解，难道招聘的是一个专门负责找问题的岗位吗？

其实这句话背后大有深意，其潜台词可能是说，本公司的运转可能会比较混乱，需要专门的人才来改变这一现状。

当然，也有很多人喜欢应对挑战，觉得自己有能力处理好这样的问题，但他们可能并不会意识到这种问题具体是什么。比如说面对一个管理混乱、毫无制度可言的公司，就算求职者有善于发现并解决问题的能力也难以开展工作？

用词五：工资面议，待遇从优，签订劳动合同。

这一条隐晦用词是最令求职者头疼的。有的人看到招聘信息之后觉得自己很适合这份工作，想参加面试，但是一看到"工资面议"这一条可能就会犯嘀咕了，工资面议就说明工资是不确定的，可能会达到自己的要求，但也有可能达不到自己的要求。这种不确定性会让人产生犹豫，到底该怎么办呢？

其实，如果这是一家正规公司，那么他们可能是想暂时对工资保密，而且工资如果标明了的确也会带来一些麻烦。如果定高了，可能很多人会趋之若鹜，造成公司人力资源部门精力不济；如果太低了，可能又会让人看到工资就望而却步，把人才都堵在了门外。所以，写上一句"工资面议"能够让招聘进行得更顺利一些。也有公司这么做是想因人定价，按劳分配，这也是情有可原的。试问，哪一家公司会不愿意招一个低薪高能的人呢？

而签订劳动合同这一点求职者也应当多加注意，最好是在面试的时候能够询问清楚，如签订的是合同工还是聘用工？具体签订时间又是什么时候？假如有试用期的话，试用期内是否能够签订劳动合同？了解清楚这些能够让求职者更好地了解这个岗位，以供自己做出最好的判断。

另外，还有一些间接的隐晦信息，求职者也应当了解。

间接信息一：全方位高薪求贤。如果这个岗位是无底薪的业务员，却打出"年薪可达十万以上"这样的招牌，这说明这家公

109

司多半是夸大事实,只是为了变相吸引人才,而这个岗位的年薪也可能达不到十万。可能是因为这个岗位鲜有人问津,所以公司不得已才会出此一招。

间接信息二:招聘多名主管或负责人。一个公司能有多少高管类职位是数得过来的,越往上的职位数量也就越少。大量招聘所谓的高端职位是有问题的。这种招聘信息要么就是虚假招聘,要么就说明这家公司在运营上出现了大的问题,导致公司高层出现大规模的辞职或者调动现象。

间接信息三:无具体职位或者职位含糊不清。很多保险公司在招人的时候都会玩这种"借鸡生蛋"的伎俩,明明是招推销员,但是又怕别人看到具体岗位之后害怕受骗不主动上门,所以便用了这么一招。也有一些不法公司在招聘信息上故意模糊岗位,让人主动送上门来,入职后却让求职者去做一些违法的事。

间接信息四:公司内部两个以上的核心部门大量招人。如果出现了这种招聘信息,要么是开设了新的分公司,要么说明公司内部出现了很大的问题,导致员工集体辞职。求职者在看到这种招聘信息时就一定得认真思考了。

用工合同不能随便签

在日常生活中，合同发挥着极其重要的作用，租房子有租房合同，借钱有借贷合同，工程有工程合同。可以说，合同是社会交流正常运转的重要保障。

而对于求职者来说，合同同样也是保证其权利的不二利器。特别是应届毕业生这样的特殊群体，在一个充满了求职风险的社会当中，有一纸合同作为防身法宝，才能够让人感到安心。而求职者所需要签订的合同正是劳动合同。

何谓劳动合同？根据我国《劳动法》的规定，劳动合同是劳动者与用工单位之间确立劳动关系，明确双方权利和义务的协议。根据这个协议，劳动者加入企业、个体经济组织、事业组织、国家机关、社会团体等用人单位，成为该单位的一员，承担一定的工种、岗位或职务工作，并遵守所在单位的内部劳动规则和其他规章制度；用人单位应及时安排被录用的劳动者工作，按照劳动者提供劳动的数量和质量支付劳动报酬，并且根据劳动法律、法规规定和劳动合同的约定提供必要的劳动条件，保证劳动者享有劳动保护及社会保险、福利等权利和待遇。

劳动合同的目的是调整劳动者与用工单位之间的关系，是保

111

障劳动者权益的文件，也是保障用工单位权益的文件。

但这个"互保"也必须有一个前提，那就是合同必须是有效且合法的。而在现实中，却有很多"霸王条款"类的违法合同，像这种合同，就无法做到保证双方的利益，而只能是一方得利，另一方受损。

2014年从某大学毕业后，周小姐在本市的一家教育机构上班。当时她与公司签订的劳动合同中有这样一则条款："公司从员工应得工资中每月提留200元，作年终分配，员工受聘期间辞职或辞退，从离职之日起脱离关系，所提留的基本工资与其他应得报酬全部作为自动放弃，不再享受一切福利待遇。"周小姐当时对此心存疑虑，但考虑到找份工作不容易，便在合同上签了字。这份劳动合同为期一年，从周小姐开始上班那天起生效。

但是2015年上半年周小姐感到身体不舒服，工作起来也力不从心，考虑到教育工作比较累，她便想着转行。在六月份，她向公司提交了辞职申请，并且一直到七月底才离开公司，在结算工资时，周小姐却被告知，公司克扣了当年一月份到五月份的提留工资1000元，并且连六、七月份的部分工资1800元也一并被克扣。周小姐觉得公司这样的做法很过分，便找公司领导理论。

周小姐的理由并没有得到公司领导的认可。对方认为，当初双方在签订合同时已经说得很清楚，如果工作不满一年离职，提留工资将不予支付。

周小姐本想继续闹下去，但对方始终抠着合同中的条款，这让周小姐很是无奈，白纸黑字，的确没法说，再要钱就好比自己打自己的脸。虽然这笔钱对她来说并不是什么小数目，但她也不想把事情闹僵。毕竟这是自己曾经工作过的地方，跟公司的同事和领导都相处了一段时间。仔细考虑一番之后，她还是打消了继续理论的想法。朋友让她去劳动仲裁部门申请仲裁，实在不行就上法院去起诉，但都被周小姐以"嫌麻烦"为由拒绝了。

这个案例中，周小姐无疑是受害者，周小姐所在的公司明显存在违法行为。但是我们也看到，周小姐在这个过程中其实扮演了一个"纵容者"的角色，她当初在签订合同之前就已经注意到了，但是却出于自己的顾虑，不敢跟公司提出来，最后遭殃的还是自己。

很多大学生在刚毕业的时候顾虑很多，一些应届毕业生在找工作时宁愿处处忍让，哪怕是自己吃大亏，也不愿意冒着丢掉工作的风险去跟公司较劲，这不得不说是一种遗憾。

所以，应届毕业生一定要注意，用工合同一定要签，但是绝对不能随便乱签，像一些明显存在"霸王条款"的违法合同，那更是绝对不能签的。

那么一般来说，企业在用工合同中都存在着哪些主要的霸王条款呢？

首先说说辞退条款。很多企业为了减少人力成本，会在合同中注明在什么情况下公司有权与劳动者解除合同。

规定一：用人单位提出，经与员工协商一致后，可以解除劳动合同。

规定二：员工有下列情形之一的，用人单位可以随时解除劳动合同：（一）在试用期内被证明不符合录用条件；（二）严重违反劳动纪律或者用人单位规章制度；（三）严重失职，营私舞弊，对用人单位利益造成重大损害；（四）劳动者被依法追究刑事责任。

规定三：有下列情形之一的，用人单位可以解除劳动合同，但是应当提前30日以书面形式通知员工本人：（一）员工患病或者非因工负伤，医疗期满后，不能从事原工作也不能从事由用人单位另行安排的工作；（二）员工不能胜任工作，经过培训或者调整工作岗位，仍不能胜任工作；（三）劳动合同订立时所依据的客观情况发生重大变化，致使原劳动合同无法履行，经与当事人协商不能就变更劳动合同达成协议。但用人单位未提前30日通知员工的，应当支付该员工当年月平均工资的补偿金。

规定四：用人单位濒临破产进行法定整顿期间或者生产经营状况发生严重困难，应当提前30日向工会或者全体员工说明情况并听取意见，向劳动部门报告后，可以裁减人员。

再说说工资条款。一般的合同中都会注明岗位的基本工资以及工资构成，包括试用期工资。而一些公司为了自身利益，利用大学生求职心切的心态，设定一些霸王条款。

如在合同中约定了基本工资，但却在后面加上一些限制性的条款。像一些靠业绩维持公司盈利的公司为了减少支出，会强制要求员工每月完成一定的任务量，如果员工没有完成的话，那么就要从基本工资里倒扣。扣得多的时候，劳动者一个月可能连一分钱也拿不到。

还有的公司，对于《劳动法》中"试用期工资不得低于正式工资80%"的规定置若罔闻，更离谱者，甚至在合同中直接规定试用期内不发工资。像这样的条款从法律上来讲都是无效的，需要劳动者多加留意。

一般来说，霸王条款中对于"工资"这一块的针对性较强，因为企业都是靠资金才能维持运转的，所以，尽量地压缩成本是他们能想到的最简单的"省钱"办法。

当然，现实中还有一些"霸王条款"牵涉的面比较广，在这里无法一一赘述。但劳动者一定要注意，如果在跟一家公司签订劳动合同时，发现合同中存在"霸王条款"，一定要及时指出，不要担心自己会因此被公司嫌恶，因为这牵涉到了个人最关切的利益。

退一步说，如果劳动者在签订合同的时候由于一时疏忽没有注意到，那么当合同中的霸王条款触及自身利益时，一定要勇敢地拿起法律武器，那些自己应得的利益就应该靠自己去争取！

防生人，更要防熟人

中国人力资源开发网发布的"2015年中国企业招聘调查"显示，在推行了多年现代企业管理制度的今天，中国企业招聘员工时，由熟人推荐的仍占多数。

而对于熟人找工作这一点，我自己也有印象十分深刻的经历。就拿这两年来说吧，每当我知道亲戚或者朋友中有谁的孩子大学毕业，我心里就会暗暗着急。一方面是担心在这种严峻的就业形势下，他们的孩子找不到一份好的工作；而另一方面则是来自于我对自身的担心，根据我的经验，每当他们的孩子求职碰壁时，我一般都会成为他们求助对象中的一个。尽管每次我都有些不情愿，但不情愿又能怎样呢？就算是最后没能成功帮到他们，我也会尽力帮忙联系、做介绍，这其中的麻烦自不必说。

这也让我有了一番对"熟人介绍工作"的思考。

从求职者的角度来看，通过人才招聘会等正规市场找工作，首先就要付出的是各种较高的经济成本，譬如简历或推荐材料的制作费用，找工作时衣着打扮的费用以及参加各种招聘会的车费与入场费等；其次是时间成本，从参加招聘会递材料，到考核面试、试用，再到最后的正式录用，所耗费的时间是很长的；再次，由于信息的不对称，求职者从开始找工作到正式被录用，还要付出精力成本。

相反，如果是熟人介绍的，首先可以降低找工作的各种直接成本；其次是从找工作到正式录用的时间将缩短，时间成本降低了；再次由于是熟人，很容易获得准确信息，心理压力也没有那么大；最后由于是熟人的环境，还可以降低求职者在工作岗位上的适应成本，能够尽快地为招聘企业带来效益。

从招聘企业来看，通过招聘会等正式渠道招人，首先付出的是各种较高的费用成本，如招聘工作人员的各项支出，参加招聘会的各种费用等；其次是大量的时间成本；最后是由于信息的不对称而付出的各种试用成本等。

而通过熟人招聘的话，招聘企业的以上各种成本费用都会降低，在少量招人时就更加明显了。最重要的一点是，通过熟人招聘，企业在用人方面获得了一种信用担保，即由熟人招聘来的人好不好，工作能力强不强，形成了一种由熟人对此承担责任的担保关系在里面。而作为介绍人，在替他人做介绍的时候，也会考虑到自己的信誉和地位，因此自然就跟企业形成了这样一种信用担保关系，即负责所招聘人员的思想品德、工作能力等方方面面的表现。并且是一种长期的担保关系，只要他所招聘的人在企业工作，这种担保关系就会一直存在。这样招聘企业不但降低了短期的招聘成本，还降低了长期使用企业人才的各种监督或管理成本，企业何乐而不为呢？

但是熟人介绍工作就一定是最好的找工作方式吗？这其中难道就没有一点隐患存在吗？

现在社会上存在很多传销陷阱，一旦陷入其中便难以自拔，这些传销人员还会将自己的朋友、同学甚至是亲戚都拉下水。最近我看到一则新闻，讲的是安徽的几名大学生在陷入传销窝点后，笃定这条路能够赚大钱，为此，他们不惜将自己的同学拉下水。

刚毕业时，大学生找工作的心态比较急切，所以，他们往往会轻信熟人的介绍。警方破获这起传销案件后就发现，里面很多大学生都是通过同学介绍而来的，熟人介绍的方式让他们轻信这是一份高收入的正常工作，但是令他们没有想到的是，迎接他们的只不过是一场骗局而已。

在中国这个熟人社会，熟人可以是帮助我们成事的贵人，但熟人也可能是落井下石的施害者。

《华商报》就曾经报道过这样一起案例。2011 年年底，小李已经大专毕业 3 年了，和朋友合伙开了家广告公司，收入还不错。

"我始终觉得稳定的工作更好些，所以希望他能进好单位上班。"小李的父亲李先生说，当时有位有几十年交情的朋友说，认识一个人能介绍孩子进省级电力部门。李先生觉得，做生意要担风险，还是希望儿子能有份稳定、收入丰厚的工作。

经过劝说，儿子将所有工作全都交给合伙人，退出了公司。

父子俩和朋友一起去找那位"熟人"，半个多月的时间见了两三次后，"熟人"说需要钱，得十五六万。

2012年2月，李先生将12万元现金交到"熟人"手里，打了个条子，"熟人"承诺小李2012年3月1日就可以上班了。

但到了2012年3月1日，"熟人"打电话说得拖到3月9日，随后又说要参加培训，没时间去的可以交钱。小李按照要求前往某技术学校参加培训，在门口站了半天也没人来接待，小李只好回来。

李先生说，儿子在家闲了半年，女朋友也因为工作的事和他吵架，不欢而散。2012年6月，小李接到了"录用通知单"，全家人的心这才放下了。可是报到前一天，"熟人"又说因为内部领导的问题暂时还不能去报到，得再过几天。从此，李先生每过半个月就催一次。2012年10月，他们又接到一份"录用通知"，这次小李直奔电力单位的办公室，被告知"根本没这事，上面盖的公章是假的"。

即使已经这样，那位"熟人"竟还振振有词地说肯定是真的，让再等等。可是这回，李先生和儿子彻底不相信了，他们想要回自己的12万元。

由于李先生知道这位"熟人"家的地址，他三天两头就跑去要钱，"熟人"只好当掉自己于2012年4月买的奥迪A4，分两次归还了李先生的12万元。2013年年初，李先生的事总算了了，但他发现和他一样受骗的还有很多家长，他们很多都是外地的，大家沟通后才发现，这位"熟人"居然总共收了三四百万元。

李先生说，他之所以相信这位"熟人"，是因为这是一位70多岁的退休老干部给他介绍的，老干部和他的交情有几十年了。这位"熟人"很早之前是老干部所住小区的保安，后来学习了法律知识考取了律师证，成了一名律师，因此人脉颇广。

我们相信，现实中像李先生这样的受害者一定不少。很多人觉得熟人介绍工作就一定能够有所保障，但实际上，这种事情是无法确定的。人心中难免都会有点贪欲，同样，就算是熟人，他们心中也有为自己打算的小九九，在利益面前，没有熟人生人之分，只有利益大小之分。

所以，应届毕业生应当要注意，自己或者家人有一定的人脉资源当然是最好的，熟人介绍工作能够让人避免找工作的苦楚，而且也可能比较稳定，但任何事情都有利有弊。所以，应届毕业生在找工作之前一定要擦亮自己的眼睛，别被所谓的"熟人"下了套。

第五章

容易被人忽略的，
往往是最重要的

你一眼就能看到的，别人也能看到。每个人都有一双眼睛，但不是每个人都目光如炬。小事成就大事，细节成就完美。我们的眼睛不光要看整体，也要仔细瞧瞧每一处细节，因为细节中隐藏着机会，细节能凝结效率，更重要的是，细节能够产生巨大的效益。

看清行业你再来

男怕入错行，女怕嫁错郎。对于刚毕业的大学生来说，选择合适的行业对于一个人的重要性是毋庸置疑的。它是一道门槛，门槛迈得好，可能就是鲤鱼跃龙门；门槛没迈好，可能就是一步错百步歪了。

相关调查显示，对于第一份工作，超过三成的学生表示自己非常看重，会精挑细选；约两成人坦言自己只重视工作内容；不到两成的人更看重这份工作对职业之路的积极意义；只有两成受访者表现出无所谓的态度，干什么都行。

刚毕业时，很多大学生都面临着严峻的就业形势。许多人还没毕业，就被他人口中的"工作难找啊"等话吓住了，在毕业的时候许多人没有目标，疯狂投简历，以至于"进错行"的现象大面积发生。

现在流行一种说法——先就业，后择业。这种说法被许多大学生奉为圭臬，导致许多人对第一份工作没有进行过多的"挑剔"，他们认为，就算是做了一份自己不喜欢也不习惯的工作，等以后有了一定的工作经验和经济基础，还可以选择再就业。

"先就业再择业"其实不应该是一个有规划的人会做的选择。而我们的大学生在大学里所受的职业教育太少，这使得他们很难进行独立的思考，尤其是在就业碰壁的情况下，一旦有什么机会出现，哪怕是他们从没有想过的职业，他们也可能会挤破头皮往里冲，结果就出现了很多本不该出现的情况。下面是一个真实的案例。

李明大学时就读于一所位于长沙市的二本高校，他学的是文秘专业。大学时期他也曾经到跟学校有实习合作的政府部门实习。2012年毕业之后他才发现，他们的就业面如此之窄。想进政府机关，必须要去参加残酷的公务员考试，来学校参展的企业不少，也有招聘文秘的，但是大多数都要求有一定的工作经验，而他们学校只能把学生推荐到一些工程单位任职。李明不愿意一毕业就到国企上班，也不想被下放到项目部过那种"吃沙子"的日子，所以他对工程单位便没有意向。然而当班上大多数男同学都签到一些工程单位时，他开始有些紧张了，后来家里人给他打电话的时候劝他先稳定下来，况且工程单位也不错，多是还是大国企，铁饭碗，没什么不好的。一来二去的，李明终于放弃了在长沙工作的念头，与某路桥公司签约。

　　拿到毕业证半个月后，李明动身前往该公司位于新疆的项目部。工地上的环境让他极其不适应，由于工期紧，他每天都要加班一个小时以上，有时候连周末都没时间休息。而他在工地上的工作并不要求太多的专业知识。他多次打电话告诉父母，自己受不了这里的工作，想回老家或者是长沙工作，但是父母在电话里却批评他娇气，要他多吃些苦，并鼓励他忍一忍就过去了。无奈的李明只能继续待在那里，每天过着自己深恶痛绝的日子。

　　相信许多大学毕业生在毕业之后都遇到过像李明这样的问题。工作不好找，只能随大流，盲目找到一份工作，做了一段时间却发现难以适应，但是迫于各方面的压力，却不能全身而退。这还算幸运的，有的毕业生毕业之后没找到合适的工作，又想尽快养活自己，就会委曲求全，到一些根本就不熟悉的行业中去。

　　有的人听到社会上的一些流言，便认为第一份工作再怎么苦也要熬下去，所以就会选择在一个不属于自己的工作岗位上苦熬两三年。有的人觉得挣钱养自己最要紧，所以也不敢轻易跳槽，甘心就这么继续坚持下去。

　　"进错行"带来的负面影响是显而易见的。

　　首先，对于求职者本身，如果熬了几年的工作对他以后的事业毫无帮助，那这几年就是纯粹在浪费时间。而且人一旦安稳下来，就会出现安土重迁的心理，许多毕业时怀揣梦想、雄心勃勃的大学生在工作几年之后就丧失了斗志。这对年轻人的影响是致命的，在一个自己完全不喜欢、不能适应的工作环境中长久生存，只会使人变得麻木，对未来、对自己当初的打算已经完全没有信心提及。许多人就是在第一份工作中丧失了青春和理想，只剩下机械的双脚，不断地走，却多是原地踏步。

其次，对于用人单位来说，他们也不希望招到这样的人才。因为一家公司想要在竞争激烈的市场环境中生存下来，就必须具备强大的动力和创新力。而企业的核心竞争力就在于企业职工，如果职工是迫于就业压力而暂时到此栖身，那么这家企业也就不会是他们心中的归属地。员工如果不能全心全意地投入到自己的工作当中，那么必定会对企业的发展产生不利影响。

所以说，大学生在求职前一定要先弄清楚自己的职业方向，只有把行业看清楚了，才能继续往下走，不然沿着一条错误的道路一直走下去，路的终点也不会是自己所期望的目的地。

现在有很多大学生被紧张的就业形势所压迫，不敢走自己内心中最坚定的那条路，这本无可厚非，因为在残酷的现实面前，个人所面临的选择实在是太少了，但是我们也应当知道，妥协是有一定限度的，无限度的妥协，直至牺牲自己的兴趣、能力等资本，到一个自己毫无兴趣的行业工作，那么这已经不再是一个小问题了，这也应当成为每一位大学毕业生必须重视的方向问题。

选工作，更是选老板

　　一个公司最重要的部分是什么？

　　不同的人对这个问题可能会有不同的看法。有的人会说："员工是公司的主体，做事情都是靠员工，所以最重要的当然是员工。"也有人会说："无规矩不成方圆，如果公司没有合理的规章制度，公司很难健康地运营起来，所以最重要的应该是制度。"其实这些想法都没有错，员工和制度都是一个公司不可或缺的组成部分。

　　如果把公司比作人的身体，员工就是手脚，负责将思想付诸实践，制度则是将身体各个部分合理地组装在一起。这些固然都很重要，但是我们应该知道，大脑才是身体里最重要的组成部分。

　　在职场上，老板无疑就是一家公司的大脑，他们负责协调和运营。可以说，老板的好坏决定着一家公司发展前景的优劣。

　　对于公司而言，好老板不可或缺。研究中小企业成长的日本专家指出，在商场中，99.5%的企业都是中小企业，而对于中小企业来说，其业绩的98%都是由老板的战略实力决定的。而对于每个员工而言，好老板更是如同贵人，可遇而不可求。

　　表弟去年大学毕业，他在学校里读的是机械专业。现在大学生的就业形势相当严峻，表弟大学毕业后一个多月才在一家小型的机械销售公司谋得一席之地。

最近他到我家中做客，我很自然地就和他谈起了工作。

"怎么样，上班还顺利不？"

我这句话刚出口，表弟就露出了一脸愁容，忧心忡忡地说："别提了，干得没意思。"

我不知道表弟这句"没意思"到底是什么意思，但我也知道，现在很多大学生刚毕业走上工作岗位总有很多想法。很多人眼高手低，觉得手上的工作根本就不配自己的大学生身份。我心想，表弟莫非也有这样的坏毛病？

"怎么不顺利了？是工作上出问题了还是咋的？"

问题抛给他之后，表弟突然说道："哪里是什么工作问题，我工作完成得很好，在办公室里也很受人待见，问题不在这上面，而是我们那个老板……"

表弟欲言又止。

"老板怎么了？"我紧逼着问他。

表弟叹了一口气，说道："我们那老板，抠得要死！我们工资低得要命，他还老是要求我们加班。加班就加班吧，可是他从来都不发一分钱加班费。"

我说道："很多老板都抠门，这有什么奇怪的？"

表弟又说："如果他只是抠门还好，关键是他任人唯亲，公司里几个重要部门的小头头都是他的亲戚，根本不给我们这些小员工升职的机会。还有，他平时对我们也不咋地，我偶尔犯了一点错误，他能指名道姓地骂上好几天，公司里其他的员工也受不了，没一个说他好话的。"

我这才知道，表弟原来是碰上了个"坏"老板。

于是我劝他："这种老板的确不咋地，你心里要是有想法就去做，我支持你。"

表弟看了我一眼，点了点头。

相信很多人都曾经遭遇过这种情况，老板抠门、任人唯亲、对工作吹毛求疵。在这种老板手下做事，很多人都会感到压抑，原因就在于，除了提供给我们微薄的薪水，这种老板几乎不能给我们带来其他的改变。

俗话说，兵熊熊一个，将熊熊一窝。老板不给力，小兵们也得跟着窝囊。

找老板就像是找老师，跟着一个坏老师，对方给不了我们什么不说，还有可能误人子弟。所以，在求职时，要找一个好的老板，因为好老板甚至能够改变我们一生。

《三国演义》中，诸葛亮原为"布衣"，躬耕于南阳。许多人仰慕诸葛亮的才学，多次请他出山，但诸葛亮一直推辞不就。直到他被刘备"三顾茅庐"的诚心所打动，才在刘备手下效犬马之劳，最后帮助刘备完成入蜀霸业，官居蜀国丞相。

129

诸葛亮的成功是因为跟对了刘备这个"老板",刘备对待人才不拘一格,为人谦逊,而且能放心将一些十分重要的事情托付给他。他在临终前甚至告诉诸葛亮,如果儿子刘禅能力不行,你就干脆取而代之。

在这样的"老板"手下做事,诸葛亮哪有不成功的道理?所以说,跟对人很重要。诸葛亮如果没有跟对"老板",能否功成名就不说,还可能像杨修那样,空有一身才华,最后也只落得个悲惨的下场。

很多人并不清楚,什么样的老板才是好老板。职场新人刚刚步入社会,他们很多人并不擅长识别好坏老板,认为能给高薪的老板就是好老板,抠门的就是坏老板。正是抱着这种想法,许多人陷入了一种认知误区,因为在他们看来,以薪水论老板就是最直接的标准。

但事实是这样的吗?有的"好"老板虽然能给我们带来高薪,但是却让我们拼命地加班、熬夜,一个月下来,我们拿到手里的薪水或许不少,但是付出的不是更多吗?所以,薪水并不能全面反映一个老板的好坏。

也有人说,老板人好那就是好老板了。这种想法其实也不对。有的老板从个人品德上来说算得上"好",但是,如果这位老板不能给我们提供好的发展平台,能教给我们的东西也不多,那这种老板就只能算是一个"好人"。

所以说，看待一个老板必须要用一种全面的眼光。美国职场专家归纳出美国近50年最好的10位老板的特质：谦虚为怀、行事低调、坚持目标、持续努力等。这个归纳或许并不全面，但也能够给我们提供一些找到好老板的建议。

而在我们现实生活当中，想找到一位值得"卖命"的好老板，就必须要具备一些读人的能力。只有将自己的眼光擦亮，从各个细节上发掘出一个老板的特质，我们才能将这些特质作为自己选择的依据，一旦找到一位好老板，就千万不能"放过"。

面试官的"弦外之音"

中国有句老话叫做"逢人只说三分话，未可全抛一片心"。这句话的本意是告诫人们人心险恶，必须要多加提防，否则可能就要吃亏。受这种思想的影响，很多人在说话的时候都会加一层"毛玻璃"，让人听不明白，这被称为"弦外之音"，在职场当中，这也被称作"暗语"。

对于刚毕业的大学生来说，会说话就显得尤为重要了。

有这么一则关于面试的笑话。

两位大学毕业生到某公司应聘，与面试官进行了如下对话。

面试官：对于电脑，你了解多少？

学生甲：懂倒是懂一点。我戴过电子表，玩过任天堂，家里也有电脑，我还看过同学用dos开机……

面试官：你可以走了，下一位。

第二位面试者就坐。

面试官：你对电脑懂多少？

学生乙：嗯，那要看是什么样的电脑了，台式机还是笔记本，一般的超次掌上型矽单晶片时脉输出电脑（其实就是电子表）比较简单，我小时候经常使用其解释编码作业流程（闹铃功能）。至于多功能虚拟实境模拟器（任天堂）就比较复杂了，不过我曾经完整尝试过许多静态资料储存单体（只玩卡带破关）。后来我对于复频道超高频无线多媒体接收仪器（其实就是电视机）开始产生兴趣，每天晚上都会追踪特定频道的资料（看某一频道的节目）。至于传统的数位电脑，我的一位同学经常在我的帮助下进行主存矽单体与磁化资料存取器之间的信号交换（指dos开机）……

对于这样的回答，面试官很满意，他通知学生乙，明天就可以来上班。

当然，这只是一则笑话，这笑话说的正是语言表达的重要性。两个有同样能力的人，一个善于表达自己的能力，一个不善于表达自己的能力，那么在面试的时候高下立判。

上面说的是面试者在面试时的讲话技巧。其实不光是面试者，作为面试一方的面试官也经常会在面试时使用一些暗语，这些暗语是面试官为了更好地了解求职者而说的，这些话也都是求职者们必须要听懂的。比如说，面试者听到最多的一个问题是："你为什么离开上一家公司？"

这个问题看似简单，实则暗藏玄机。一个人离开一家公司的原因有很多，比如说薪水不够高，跟同事甚至上级的关系闹僵了，或者是由于自己能力不济被开除。以上这些原因都不是面试官希望听到的。也就是说，当面试官们问出这样的问题时，求职者就要小心应对了。

当然，对于刚毕业的应届毕业生来说，由于多数人从来没有过真正的工作经历，所以一般面试官也不会问这样的问题。但是，这并不代表在面对应届毕业生时，面试官不会说一些"弦外之音"。求职的大学生要想在面试中取得先机，就必须要先弄明白对方的真正意思。

以下是一些面试官在面试中经常问的刁钻问题，在这里我们进行一次简单的归整。

暗语一：你对于工资还有什么要求吗？

一般来说，一家公司在招聘某一职位时会将薪水标注出来，所以说，求职者对于薪水也应该是心知肚明的，而面试官如果在面试中提出这样的问题，那么求职者就必须要留意一下，对方到底是什么意思呢？

一般来说，面试官提出这样的问题是想试探一下求职者的"胃口"，也就是这个人看待工作和薪水的态度。举个简单的例子，假设一位大学生毕业求职时将目标薪水定为4000元，而当他到一家只给他开出3000元薪水的公司面试时，他内心对于这个薪水肯定是有些想法的，可能是碍于面子，不好当面指出。而假如工作的前景让他觉得可以忽略掉这个问题的话，那他更是不会提出这个问题，但假如面试官在面试时提出这样的问题呢？

一个比较简单的回答是——"这不是我的目标薪资，有点低了"。这样的回答显然是欠妥当的。假如公司开出的薪酬高于一个人的目标薪酬，在面试官提出这个问题时如果回答"已经足够了，比我想要的高多了"，这样的回答会让有的面试官误以为是一种谦虚和奉承，也不是最满意的答案。所以在这时候不妨用一些委婉的方法间接回答这个问题，比如说，我没有什么要求了，很满意。这样滴水不漏的回答让对方也猜不透你的目标薪资是否高于公司给出的薪水，而且又很好地回答了这个问题。

暗语二：如果公司决定聘用你，你打算在公司干几年呢？

这种问题在面试中也是十分常见的。从字面意义上来讲，这是面试官对求职者忠诚度的一种考察。在如今的职场当中，一个人在一家单位一直干到退休几乎是不可能的事，虽然用人单位对此心知肚明，但是他们还是倾向于在面试的时候问求职者这样一个问题。

　　或许有人会直接回答："我对公司的岗位很感兴趣，我会一直干下去的。"这话听起来像完美的，但实际上大多数人都把这当作是一种"场面话"，面试官也知道，这多半是求职者说说而已，实际上有的人可能连试用期都撑不过去，但是他们还是会将话说得尽量圆满。但是在面试官看来，这样的回答显然略显庸俗并且多多少少有点虚情假意，这样的回答也不一定会给面试官留下很好的印象。

　　所以求职者在听到这个问题的时候，答案一定要中肯，但又不能给面试官留下不好的印象。所以不妨这样说："如果没有什么客观原因，我应该会一直做下去。"

　　这里的"客观原因"一词就将自己主观意愿上的离职排除在外，会让面试官觉得这个人很可靠，除非公司产生变故导致其无法正常工作，他还是愿意留在公司里。

　　其实这种回答弹性十足，这里所说的客观原因包含面非常广，薪水太低是客观原因，个人私事也是客观原因。总之，用这样的话来回答，听起来既不是说谎，也给求职者的形象加了分。

　　暗语三：如果公司要你为工作做出一定的牺牲，你能做到吗？

　　这个问题其实也是为了考验求职者的忠诚度和职业精神。我曾经在朋友的公司里翻阅过他们的笔试卷子，上面就有这样一道题目。在粗略浏览了大概五十份试卷之后我发现，这五十份试卷对于这道题目的回答都是一样的:可以做到。

当时我就有所怀疑,这些人虽然在纸上说能够做到,但是当这样的事情发生在他们身上时,他们真的能做到吗?我有这样的怀疑是因为前段时间我看到一则关于90后大学生工作的新闻:一位名牌大学毕业的大学生,毕业之后进入一家电视台工作。电视台工作很是繁琐,而且经常加班加点,这位大学生对此颇有怨言,但毕竟都属于本职工作,也就没有多说什么。有一次,电视台开会,由于会议进行的时间过长,领导便让这位大学生负责帮与会人员买些盒饭,但是这位大学生却觉得,会议结束了大家都休息,为什么让我去干这种杂活?为此,他还跟领导顶了几句嘴,双方闹的不欢而散。最要命的是,他那时候尚处在试用期,还没有转正,这件事情给他带来的直接影响是三个月后他便被电视台以不能胜任工作为由辞退了。

所以我觉得,现在很多人并不能够真正像自己说的那样,为公司作出很大的牺牲,而公司恰恰又需要这样的人。如果在进公司之前为了让自己能够顺利通过面试夸下这样的海口,一旦麻烦到来,这无疑就像是自己卡住了自己的脖子,有理由也没法拒绝了,所以在回答这个问题的时候要用上点技巧。

我们知道凡事都有度,所以不妨这样回答:"如果公司要我作出的牺牲合理并且合法的话,我一定愿意。"或者说:"除非是一些违背原则的事儿,其他的都好说。"这样的回答就会让对方觉得你不是一时冲动，是经过考量的，可信度也会随之提高。

面试官在面试时会说的"暗语"数不胜数，这里只能提供一点点例证。而听懂别人话里的"弦外之音"也不是一朝一夕就能练成的功夫，这毕竟还是需要一些经验的。所以，我们不妨通过每一次现场面试来深入了解这面试时的一些"暗语"，为自己的求职铺平道路。

不起眼的细节有时能让你"起眼"

有一则关于面试的小故事流传得很广：某公司人力资源部门为了考验面试者，会让面试者单独待在一个房间里，房间地面上布满纸屑。如果面试者在面试之前能够将地上打扫干净，那么他就会获得面试的机会；如果面试者只是坐在那里干等着面试的话，那么他将被淘汰出局。

这个故事中的面试考验虽然是人为制造出来的，但也从侧面反映了细节对于面试的重要性。面试就像是一场考试，要想完美地通过考试，就不得不注意一下细节问题。

首先，在面试前，我们应当做到提前到达，保持一种轻松状态。

有过考试经验的人都知道，提前到达考场能够让人尽快熟悉环境，也能够从一定程度上缓解紧张。求职者提前十几分钟到达面试现场，能够熟悉周围环境，舒缓紧张的心情，观察前面面试者的情况，并有充分的时间整理一下自己的思路，从容地检查下之前准备的相关资料，以免使用时慌慌张张地寻找，给面试官留下不好的印象。记住，到达面试场所的时间只能提前，千万不能迟到。没有时间观念的人是不受欢迎的。如果进入面试室前感觉紧张，可以用以下方法缓减紧张情绪。

1.深呼吸，使劲吸入一口气，将气憋足，直到无法承受时，再将气从口中缓慢吐出。

2.慢慢握紧拳头，尽量使劲，保持拳头的紧张状态，持续10秒钟左右，接着慢慢张开拳头，让肌肉逐渐放松。

其次，面试者在与面试官会面的时候，也有很多问题是需要注意的。

进门是求职者展现在招聘官面前的第一个动作，也是面试官观察求职者的开端，这对于求职者来说相当于田径比赛的起跑。我们可以视具体情况来分析一下。

如果面试房间里的门是关上的，在进入之前，我们应当先礼貌地敲敲门。敲门时不能太用力，也不能轻得别人听不见，还可以询问："请问我可以进来了吗？"得到面试官的应允之后方可进入。

进门时一定要有昂首挺胸的气势。每位大学生都经历过军训，在这时候就要找到军训时的感觉，像一名战士一样，精神抖擞，步伐坚定，因为没有人会喜欢一个驼背低头，看起来没有一点点气场的人。试想一下，假如一个人进门的时候无精打采，东张西望，那么就相当于将自己的第一印象糟蹋殆尽。面对这种求职者，面试官恐怕简单地听完他们的自我介绍后就会中断面试，连提一个最简单的问题的兴趣都没有。

有人曾经在一次大学生的招聘面试中做过这样一个实验，用摄像机拍下几十个人的招聘过程。在三个多小时的招聘过程中，最短的面试时间不到一分半钟，而这个人恰恰就是弓腰驼背、低头乱看的人。对这种人，面试官觉得多问一句话都是浪费。

在面试时，握手也是一门学问。如果我们做好握手的准备，而面试官没有站立的意思，也没有握手的表示，我们可以面带微笑，礼貌地询问："我可以坐下吗？"得到许可后，就直接坐下。而如果招聘官伸出手来，做欢迎你的表示，握手就是十分自然的事了。面试时，一些招聘官会把握手作为判断一个人是否自信、真诚的依据。那么什么样的握手方式才是恰如其分、符合交往惯例的呢？

1.握手前，做好准备，保持手心干燥，手掌没有水分。有的面试者在面试前会因为紧张而导致手心出汗，也有人是在进洗手间之后没有将手掌中的水擦干，这时候与别人握手很容易造成对方心里的不快。

2.握手力度要把握好。不可用力过大，也不要让人感觉毫无

139

力气，无力的握手会被别人认为是缺乏自信和不够诚恳。

3.握手时，眼睛最好能够看着对方，并且点点头，也可以附带着问候一声"您好"。切忌在此时东张西望，心不在焉。

4.握手结束后，应当微笑着等对方的招呼。如果对方没有开口请坐下，那么最好是诚恳地问一声："我可以坐下吗？"得到对方的应允之后便可坐下。

最后，在与面试官进行交流时，也有一些细节是值得注意的。很多面试官为了能够更好地了解自己面前的求职者，都会从求职者的表情和眼神中做观察。

所以在面试时，面部表情一定要放松，我们应当用自己的表情和眼神传达一些正面积极的信息。以下这些肢体语言求职者有必要做一些了解。

1.稍稍歪着头认真倾听，表示对人所说的话很感兴趣。

2.倾听的过程中，用目光注视着别人，并不时地点点头表明自己对别人的话在认真听，并且通过这种方式进行着互动。

3.应该真挚热情，大方得体，在倾听和回答时都应当不慌不忙，从容镇定，温文尔雅。

另外，在与面试官交流时，要注意避免一些传递消极信息，产生负面影响的表情和眼神。

1.轻咬嘴唇，表明一个人有些慌乱。

2.目光不敢接触，表明一个人比较心虚，不够真诚，会被对方理解为对谈话不感兴趣。

3. 挑眉头会被人认为是在怀疑他。

4. 目不转睛地凝视着招聘官，可能会让人觉得你很傲气；如果是面无表情，就更让人难以琢磨了。

这些小细节都是求职者在面试当中不得不注意的，有的人能力过硬，但如果细节做得不够好的话也有可能栽在面试这道门槛上。所以，求职者应当见微知著，注意观察面试环境，并且作出随机应变的反应。在面试中，细节决定成败，但细节又不是什么硬性难题。只要一个人足够细心，足够耐心，那么就可以轻松应对各种细节问题。

有一个词语叫"门面功夫"

有人将知识和技能比作是求职时的硬实力，也就是说，一个人如果具备足够多的知识和过硬的技能，那么他在求职场上就已经占了上风。所以对求职者而言，拥有丰富的专业知识和专业技能是保证自己求职成功的不二法门。

但是一个人不是光有知识和技能就足够了，除了硬实力，我们还要有点"门面功夫"。

刚毕业的大学生在用人单位面前就像是一张白纸。由于他们没有从业经验,用人单位也不可能花时间去慢慢地了解,那么这些简历就成了大学生的第一张名片。在用人单位的眼中,这些名片至关重要!

有一位从事人力资源管理的朋友曾经告诉过我这样一句话:"简历看能力,酒品看人品。"虽然这句话并不一定完全正确,却让我印象非常深刻。通常来讲,一个人性格怎么样,一上酒桌就知道;而一个前来应聘的人,各方面的能力则往往会通过简历来表现。因此,当我们求职的时候,切不可在写简历的时候敷衍了事。

可能很年轻人对此不屑一顾:简历有什么难的,无非就是交代清楚自己的姓名、学历和兴趣爱好,或者有什么工作经验。在他们看来,面试才是应聘的重头戏,而简历的作用在应聘的时候则显得无足轻重。这种看法并不正确。

事实上,简历制作是我们工作前要过的第一关。对那些负责招聘的人来说,他们每天都要看无数份简历。当这些简历出现在他们面前的时候,他们首先想到的是,眼前的这份简历上究竟有没有我所需要的信息?

有的人虽然工作能力很强,但是在写简历的时候,并不是很用心,没有突出地介绍自己的优点和特长。这样没有特色的简历,往往很难让面试官满意。他们会觉得此人连一份简历都做得如此平庸,工作的能力可能也强不到哪里去。这样的看法虽然有些片面，但却是生活中存在的现实。

有的人喜欢在简历中写一些大话、套话。比如说"认真工作，按时完成领导交给的各项工作任务。""团结同事，与大家友好相处。"这样的话基本上都是套话，放在任何场景都能适用。这样的话，又如何能激发面试官看下去的兴趣呢？

那么，我们应该如何写好一份简历呢？

首先，我们要把自己最具有优势的地方展现出来。

有一位女孩子去应聘记者的职位，她很有想法，思维方式很特别，看问题的角度也很独特。此外，她虽然年纪轻轻，但却有着丰富的实习经验。因此，她在写简历的时候，把这一条放在了最显眼的地方。面试官看到之后，眼前立即一亮，很快就给她发去了面试的通知。

在面试官看来，她的这些优势恰好是一个优秀的记者所必备的。所以，我们不妨向她学习，尝试着在简历上突显自己最大的优点，给面试官留下好印象。

其次，要学会给自己的简历起一个特别的名字。可能有的人会说，这有什么意思呀，不就是一份简历吗？

我在这里讲一个故事，也许大家就能明白这是怎么回事了。有一位负责招聘的工作人员在打开自己邮箱的时候，感到非常头疼。因为邮寄过来的应聘简历，好多份的文件名就是"个人简历"，这些简历下载下来放在文件夹里，乱七八糟的。而其中一

143

个人却与众不同,他是这样给自己的简历命名的:张龙求职信,感谢阅读。这个名字一下就让这位负责筛选简历的人眼前一亮,而这个叫张龙的男孩子也就成为了第一个被选中的面试对象。

最后,我们的简历一定不能"大而全",而应该是"少而精"。大家都知道,面试官的时间是很宝贵的。如果你的简历长达十几页,从中学得过什么奖到在大学里所学课程之类的事情都详详细细地写下来,恐怕不仅浪费纸,对方也没有时间和精力来读完,也许这份简历最终的命运只能是被丢到垃圾桶里面;如果你把简历设计成简单的几页纸,在上面交代一些关键而重要的信息,相信对方一定会感兴趣,甚至会引发约你来谈谈的欲望。

除此以外,个人在求职时的着装礼仪也是一种门面功夫。衣服穿得合适了,也能给自己的形象加分。如果一个人的外在形象给人留下沉稳可靠的感觉,无疑是受别人欢迎的;如果求职时穿得邋里邋遢,那么就可能会给别人留下不好的印象。

日本著名企业家松下幸之助曾经经历过这样一件事。

有一次,松下幸之助的公司招聘一名主管,年薪1000万日元。招聘信息发出之后,求职者趋之若鹜。其中有一位拥有七八年工作经验的年轻人,之前一直在日本的另一家大型电器公司做主管,看到招聘信息中的高薪,抱着试一试的态度来面试。

松下幸之助在看了这个人的简历时叮嘱人事部的部长多加留意,而他本人则在面试室后的房间里观察。

本来松下幸之助对此人抱有一定期望，但当他看到这名年轻人的打扮时，顿时失望了。原来这位求职者穿着一身只有五成新的西服，更要命的是，对方的领带脏得一塌糊涂。看到这里，松下幸之助直接走出房间，对那名年轻人说："对不起，你不适合这个岗位。"

年轻人不解地问："面试还没有开始，先生怎么可以这么说？"

松下幸之助接着说："你知道这个岗位的年薪是多少吗？"

"1000万日元，这个我知道啊。"

松下幸之助略带揶揄地说："那先生你觉得你身上的那套西服和领带配得上这1000万日元的年薪吗？"

这位年轻人瞅了瞅自己的衣服之后，顿觉无趣，讪讪地离开了。大家都知道，现在很多的商品都讲究包装，如果包装精美、考究，就很可能受到消费者的欢迎。求职同样是这个道理，著名的成功人士卡耐基曾经说过这样的话："良好的第一印象是登堂入室的门票。"由此可见，如果我们能给别人留下良好的第一印象，无疑就在今后的生活中为自己树立了良好的品牌。

那么，我们如何才能做到这一点呢？

对这个问题男女应当区别对待。如果是男士，最起码要为自己准备几套合体的西装。具体操作上，我们不妨为自己准备浅蓝色及浅灰色西装各一套，浅黑色的也不错，会令你显得庄重大

145

方。服装的质量,我们不必苛求高档,但至少要达到整洁、笔挺的效果。此外,自己的头发一定要经常修剪,要保持整洁,不要有头皮屑,更不要蓄披肩发或留有其他怪异的发型,以免引起别人的反感。如果是女生,要打扮得朴素大方,适当地化妆,但不要化浓妆,更不要穿性感暴露的衣服。

人的外貌是天生的,除了整容之外,我们没有别的办法改变,可是我们却可以培养自己的风度和气质,它比美丽的面孔更具有魅力。外在的形象是个人魅力的体现。有的人也许长得不帅,可是他如果热情大方、从容干练、敏捷潇洒,那同样也会受到别人的欢迎。

另外,我们还要做到朴实自然。谁都喜欢有亲和力的人,可是这种亲和力不是天生的,而是后天培养出来的。如果我们能够在与别人的交往过程中展现出自己善良、热情的品质,自然会获得好人缘,在别人的心中留下良好的印象。

总之,将必要的"门面功夫"做好,我们的求职之路也会越来越顺利!

别让你的嘴巴快过你的脑子和腿

俗话说："嘴上没毛，办事不牢。"这句话指的就是年轻人做事往往考虑得不够周到。新人初入职场，思想比较简单，说话的时候，往往是心里想什么，嘴上就说什么。"心直口快"固然是一种耿直的表现，但是口无遮拦地乱说话，却很容易祸从口出。

有的人一进公司就想逞英雄，幻想着通过自己的一句话，或者某个行为引起领导的重视，从而获得青云直上的机会。这样的想法过于天真，也不太可能实现。更多的结果会是因为你的一句话，得罪了一大堆人，给自己惹来无穷无尽的麻烦。

朱晓晓进入新公司的第一天就迟到了，结果被扣了一笔钱。她很生气，质问负责考勤的人："为什么苏莉莉也迟到了，你们不管呢？她迟到了一个多小时没有挨罚，我只迟到了十几分钟就要扣我的奖金，这不公平。"

记考勤的人很客气地告诉她，这是经理的安排。

朱晓晓听了，就更气愤了，她觉得经理这是故意在偏袒苏莉莉。为什么对自己要求这么严格，对苏莉莉却网开一面呢？

她实在是想不通，于是接下来的几天里，她多次向周围的人提起此事，甚至揣测苏莉莉与经理有什么不正当的关系。结果没过几天，她就被经理叫到了办公室。

经理向她出示了一张加班表。原来，苏莉莉迟到的前一天在公司加班到很晚。经理体恤下属，让她第二天上午休息半天。可是苏莉莉想到第二天还有许多工作要做，就硬是咬着牙赶过来了。

原本苏莉莉就值得表扬，可是她很低调，恳求经理不要再提这件事。因此，这件事很多人都不知道。原本经理也没有想到会有人在这方面计较。可是朱晓晓四处散播谣言，已经严重影响到他和苏莉莉的声誉，同时也给公司造成了不良的影响。经理一气之下，给朱晓晓记了一次大过，并严重警告了她。

在任何一家公司，都有书面指定的规章和制度，也有一些人们内心知道但是不会说的潜规则。比如说不能四处讲别人的坏话，不能打同事的小报告等。新人进入公司，一言一行都会引起别人的注意，因为你是新来的，大家都会对你关注多一些。此时讲上一句不应该说的话，稍有不慎就会传开，甚至传到当事人的耳朵里，给公司的同事关系造成非常恶劣的影响。

所以，新人一定要学会管住自己的嘴。当然，更重要的事情就是在管住自己嘴的同时，还要迈开腿。说通俗一些，就是少说话，多干活儿。

李少利在一家房地产中介公司上班，是个职场新人。有一次，他和一位同事陪同客户看房的时候，看到客户塞给了同事100块钱。当时，他以为是客户私下给同事的小费，或者是因为同事帮客户做了什么违背公司规则的事情而收到的好处费。但考虑到没有弄清楚事情的原委，并没有对其他同事说。直到后来才听说，原来那天客户和同事一起开车去看房，半路上客户的车没有油了，而客户刚好忘记带钱包了，于是同事替他出了100块钱。得知这一切后，李少利庆幸自己当初没有乱说话，不然得给同事惹来多大的麻烦呀！

在职场上，新人往往会遇到很多的事情。有的事情不能随便乱说，而有的"大话"也不能乱讲。比如说，有的年轻人刚入职的时候，往往爱夸自己："我干活儿从来不挑的。""我很认真负责的。""我这个人很大度的。" 一句一句美好的词汇用来描述自己没错，可是这种太过明显的炫耀非常容易让人厌恶。

说一千道一万，不如切实的行动更让人心服口服。因此，我们在管住嘴的同时，还要迈开腿。不论你在哪个岗位上，拿出让众人心服口服的成绩才是最重要的。与其天天喊着自己能干，不如切切实实地把工作成绩摆出来。"群众的眼睛是雪亮的。"大家看到你干劲十足，就会认为你为人踏实，会给你好评。

说到迈开腿，这涉及很多的方面。首先，自己职责范围之内的事情，我们要做得快，做得好。上级吩咐下来后，我们要立刻行动，及时完成任务，而不能一拖再拖，要学会把自己的步子迈得快一些，稳一些。

其次，我们在口头上承诺过的事情，一定要尽全力做到。比如说，我们答应上司，这份策划书今天能赶出来，那就不要考虑太多，把策划书完成才是最重要的。当然，这种时候也要管住嘴，不要说工作很难办这样的话，用你的实际行动去克服，让大家看到你的办事能力和做事决心，这才是最重要的。

最后，我们不仅要迈开腿，还要迈得快一些。有些事情，你不做还会有别人抢着做。这些人如果腿迈得比你快，你就会远远地落在后面。这样一来，你就会在公司里处于不利地位，那加薪升职的好事自然也不会落在你的头上。所以，在迈开腿的同时也要讲究效率。也就是说，要加快做事的速度，要出手快，动作迅速，这样才能领先于身边的同事。没有哪个领导不喜欢办事雷厉风行的人。只要你够快够好，自然能脱颖而出。

管住嘴，不乱讲话，不要讲夸口的话，炫耀的话，沾沾自喜的话，迈开腿，要拿出切实的行动来，提高自己的办事效率，你就会发现，自己的地位正在一天天地提高，职场早晚会有惊喜来回报你。

第六章

伯乐不常有，
千里马也需要"多走一步"

要相信，天下没有免费的午餐，平庸地等待永远不会使你变得出色。别人能看到的是那些走在前面的人。你比别人"强"也不是一张嘴就能"说"出来的，只有用行动才能让自己变得"与众不同"。无论在什么时候，把步子迈在别人前面，别人就无法忽略你的优秀。

展望多一步：利用实习期未雨绸缪

　　每年的六月份，高中校园和大学校园总会上演两幕不同的场景：一边欢快得像飞出笼中的鸟儿，一边落寞得像遭受磨难的人。为此，人们经常会忍不住地感叹：同样都是离别的场景，为何两边却怀有不一样的心情呢？

　　不用细想，答案已经浮出水面：高中学子寒窗苦读数年，只为有朝一日能通过高考考上心仪的大学，摆脱枯燥无味、封闭压抑的读书生活，从而迈进丰富多彩的大学城堡，过着自由快乐的大学生活。如此，高考结束之后，他们怎能不像重获自由的鸟儿一样欢快舒畅呢？然而，幸福的时光总是短暂的，四年后，大学开始对习惯了安逸生活的大学学子下逐客令，他们不得不离开学校，踏入社会，因此而感到落寞。

　　一个形单影只的人，在失去家庭以及学校的双重庇佑后，又该如何铸造一个可供栖身的港湾呢？除了努力工作，我是想不出其他更为合适的答案。很多大学生毕业之后，心中弥漫着一种情绪，那就是迷茫和恐惧，尤其是没有一技之长和缺乏工作经验的毕业生，他们不断徘徊在社会的十字路口，看不到未来的曙光。

虽然说和一个刚毕业的大学生谈工作经验是一件不合适的事情，但我们必须明白的一点是，所谓的"工作经验"并不只指我们在某家公司或单位实际工作的经历，它其实也包含我们的实习经历。说到这儿，或许有人会暗暗为自己感到庆幸，谁没有实习经历啊？我们学校的专业老师每年寒暑假都会要求我们去公司实习，实习完还要交实习作品和实习日记呢！满满一大袋子，拎起来沉甸甸的呢！

如果有人这么想的话，我想他实在是大错特错了。我所说的"实习经历"，从来只论内容，不管它的外在形式。换言之，真正有用的实习经历看重的大学生在实习期的实习质量，而非那些多多少少掺了一些水分的实习作品和实习平台！

为了在求职简历上丰富实习经历这一栏，且增强实际体验，大部分高校都会要求学生利用寒暑假去公司实习，实习完还要上交为数不少的实习作品和实习日记。可又有多少大学生真正身体力行，认认真真地投入到实习的工作中去了呢？许多人蒙混过关，敷衍了事，最后上交到指导老师手中的实习作品，实在让人不得不怀疑它的含金量。

　　我想，许多大学生之所以不重视实习经历，大概是因为他们从未把实习和工作画上等号吧。每个人的一生都是现场直播，没有彩排，更无法事先打好草稿，因此一定要珍惜光阴。可对于大部分大学生而言，实习毕竟不等同于工作，实习充其量就是正式工作前的一场彩排，彩排效果即便差一点也不会剥夺我们日后工作的机会。

　　就这样，心里一旦把实习的重要性看轻了，大学生对待实习的态度自然也好不到哪里去。殊不知，这是一种典型的目光短浅的观念，实习的重要性其实不亚于我们的第一份工作，它就好比一块垫脚石，只有踏踏实实地踩在上面，我们才能更好地观望当前的就业形势，了解自己日后的工作环境和内容。

　　如果说第一份工作决定了我们的发展走向和基调，那么实习期的未雨绸缪将带领我们踏入方向正确的第一份工作。更准确地说，它能帮助我们看清楚自己。在实习期中，我们的所见、所闻和所感将会掀开这份工作的神秘头纱，最后爱或不爱自然一目了然。

　　侄儿高中毕业之后，不顾父母的反对，执意选择新闻专业为大学四年的专攻方向。生性嫉恶如仇的他，从小就对记者这个职业充满了诸多幻想，他梦想着有一天自己也能"妙手著文章，铁肩担道义"，和"无冕之王"们一起为维护社会的正义和良知而努力奋斗！

155

　　因此，每一年的暑假，他都会动用一切可利用的人脉资源，只为在当地的知名报社觅得一个实习生的职位。四年下来，他已经待遍当地大大小小的报社，跟随报社的指导老师到处跑新闻。有时候，为了寻找一个宝贵的新闻线索，他还常常顾不上吃饭和休息。每次采访完成后，许多本专业的实习生都懒懒地待在空调房里上网打游戏，只有他一个人在不停地翻看采访本，整理写稿思路。

　　实习期间，他还经常向报社的记者取经，了解媒体行业的从业环境、报纸的前景、记者的薪资待遇、新闻写作的诀窍等。

　　最后，凡是与这行有关的信息，事无巨细，他都打听得一清二楚，心里也渐渐地有了底，从此再也不必为记者工作绞尽脑汁地去猜测和瞎想。当身边的一大帮同学还沉浸在"不知愁为何物"的舒适生活中时，他在心里已经悄悄地模拟出了自己日后即将从事的媒体工作的大致轮廓。

　　这也就注定了他会比别人领先一步。有了实习期的未雨绸缪，就等于为找工作做好了热身运动。没过多久，他就凭借丰富的实习经历和出色的实习作品，被当地一家有名的报社聘用为采编记者。

　　大学毕业之后，许多同学像赶场一样，在大大小小的招聘会间来回奔走，渴望找到一份安身立命的工作。可由于不少人都没有摸清楚自己的兴趣所在，因此在种类繁多的工作面前，他们总是表现出一副"病急乱投医"的样子，投简历完全就跟抛绣球一样，已经失去了主动权和选择权，谁捡到谁领走！

天下没有免费的午餐，我们现在所走的每一步都直接决定着我们日后的发展方向和前途命运。对于即将毕业的大学生而言，在开始极为重要的第一份工作之前，请务必规划经营好自己宝贵的实习期。因为只有走好了这一步，才能免去许多不必要的后顾之忧，为我们的第一份工作开辟一条康庄大道。

观察多一步："细节"所反映的，才是最真实的

说到仔细观察这件事儿，我相信许多行走职场的新人应该深有体会，毕竟职场的生存环境并不像大学这座象牙塔一样来得简单和纯粹，它的复杂程度往往让人心力交瘁。现代职场中人与人之间的交往即使谈不上勾心斗角，也算得上是暗潮汹涌，波澜起伏。如果我们还执意停留在"两耳不闻窗外事，一心只读圣贤书"的学生时代，那就不要责怪别人把我们当成一个可供指使和吆喝的愣头青了。

张海秦毕业后一直在一家服装公司工作，工作快满三年的他，一直没有得到公司领导的器重和赏识，反倒是比他晚一年进公司的李修健备受领导的喜爱，出尽了风头。

前一阵，他俩所在部门的业务主管因病去世，重要部门突然群龙无首，留下了一大摊子麻烦事儿。一时间，公司领导也找不到合适的人选来接替这个职位，只好亲自打理业务部门的各项大小事宜，以保证公司的正常运转。

但是，领导毕竟每天都很忙，无法腾出时间来身兼数职，左思右想，最后决定在业务部门的员工里选出一位新的主管。

放眼望去，有资格胜任这个职位的候选人只有两个，一个是资历最为深厚的张海秦，另一个就是手腕圆滑、处事灵活的李修健。

不久，领导就在张海秦和李修健所在的业务部门召开了一次会议。在会上，领导先是表扬了他们两个人长期以来的工作表现，接着详细谈起了最近服装行业的外贸出口并不景气。领导当着业务部全体员工的面直言，公司的利润一直在走下坡路，如果再这么发展下去，只怕是连员工的工资都支付不起了。再加上最近业务主管不幸离世，少了他的统筹安排，业务这块几乎都快乱成一锅粥了。此时，领导将目光落在了两位候选人身上，然后貌似漫不经心地问道："要是你们当中有谁做了业务部门的主管，会不会考虑裁掉一部分员工？"

张海秦脑子完全没有转过弯来，并没有领会领导一番话的意图，他立马摇了摇头，说："我不会，和部门同事相处了那么久，大家已经建立了深厚的感情，我不能新官上任三把火，烧掉……"还没等他把话说完，领导就颇不耐烦地摆了摆手，示意他不要再说下去。

紧接着，领导问李修健，说："修健，你有什么看法呢？"

李修健不愧是擅长察言观色的人，他仔细聆听了领导与张海秦的对话，并留心观察到了领导听到张海秦给出的答案时的不耐烦表情。他早已对领导的真实想法了然于胸，只见他神色凝重地说道："我若做了业务主管，一定会定岗、定责、定人。只有责任到人，裁掉多余的员工，公司才能减轻成本压力，减少不必要的开支……"

领导听了这番话，同样摆了摆手，打断了他的话，但与前一次不同的是，领导的脸上并没有显露出任何不愉快的神色，嘴角还隐约露出一丝淡淡的笑意。

会议结束后不久，董事会的任命书便下来了，李修健被提拔为业务部门的主管，一下子鲤鱼跃龙门，成为昔日前辈张海秦的顶头上司。

按理说，凭张海秦的资历，业务主管一职应该非他莫属，可为什么领导却偏要绕过他，对小辈李修健另眼相看呢？答案其实非常简单，张海秦是输在了细节观察上面。

当领导谈及服装行业的外贸出口并不景气，公司营业额连连下滑，情况严重到可能会无法支付员工工资时，张海秦就应该明白领导此次开会的主线所在。可他偏偏没理解透，不懂得按领导的真实意图作答，因此对于领导提出的裁员问题，他给出的答案无法契合领导的真实心声。

由此可见，于职场工作，尤其是对待我们的第一份工作，最好还是及早练就一身察言观色的本领。就像故事中的李修健一样，对领导的言行举止留心观察，等到适当的时机再表明自己的心志，迎合领导的意图，最终成功地博得领导的赞赏。

所谓"察言"，即"留心他人说的话"。所谓"观色"，即"观察他人的神色"。在我们平常的生活环境当中，皱眉蹙额这样的表情大多意味着关怀、焦急、生气等；而眉毛上扬、眼睛大睁，则意味着意外、惊讶。当我们从对方的脸上捕捉到这些微表情时，我们就能对他人当下的心理活动有一个大致的了解。

察言观色的能力并不是一个人与生俱来的天赋，只要我们在平时的工作生活中注意观察、留心细节，就能在一个人的衣着、眼神、表情、坐姿、言谈以及手势里窥测到他人的真实感受，这跟所谓的"看云识天气"其实有着异曲同工之妙。

总而言之，在职场打拼，能力和资历并不能保证我们的晋升之路走得一帆风顺。即便我们是一匹满腹才华的千里马，仍需多走一步，凭借细节揣摩到伯乐的喜怒哀乐，最后一语中的，赢得伯乐的鼎力相助。

160

变通多一步：没经验不代表没经历

许多刚毕业的大学生在求职的过程中，经常会被面试官问到类似这样的问题："在上一份工作中，你创造过什么样的业绩？"每当这个问题抛出来的时候，已有工作经验的求职者或许还能有所应答，若是从未经历过职场生活的菜鸟们听了，估计会红着一张脸，怯生生地愣在一旁，不知该作何回答。

工作经验？业绩？这不是在开玩笑吗？一个刚刚毕业的大学生，哪来的工作经验可言？既然没有工作经验，又何来业绩一说呢？相信很多面临此种窘境的人，会偷偷在心底痛骂面试官，因为他提出的这个问题简直就是强人所难嘛！

如果大家真的像上面说的那样去想，那你人生中的第一份工作估计不会是这一个了。而且，倘若你下一次再遇到这种情况，十有八九还是会铩羽而归。

工作经验可以说是一个人立足职场的护身符，要知道，企业经营的最终目的无非就是盈利。既然一个职位只需要一个员工，用人单位当然希望自己所拣选的人才具备最高的使用价值。

照这样的逻辑去思考，刚毕业的大学生和已有多年工作经验的职场老人相比，显然没有多大的优势。不仅如此，培养一个能担任某岗位职责的新人反而还会消耗许多不必要的成本。

这个时候，或许有人会提出这样的疑问："我们确实没有正儿八经的工作经验，这是事实，总不能当着面试官的面编造一些莫须有的工作经历吧？"这个问题问得好，接下来我会为读者朋友们讲一个故事，问题的答案就隐藏在这则故事中。

话说孔子东游，行至一个地方感觉腹中饥饿，于是他就对弟子颜回说："前面有一家食肆，你去为我讨点饭来吃吧。"颜回一听，连忙跑到食肆，向饭馆主人说明来意。

没想到，食肆的主人却说："要饭吃也不是不可以，不过我有一个要求，你若是做到了，我就给你饭。"颜回忙问："什么要求？"主人回答："我写一个字，你若认识，我就请你们师徒俩吃饭；你若不认识，休怪我乱棍把你打出去！"

颜回微微一笑："主人家，虽说我颜回没有多少学问，可我毕竟也跟师傅学习了数年，不要说一个字，你就是让我认一整篇文章，对我来说也不是什么难事。"

食肆主人听了，哈哈大笑："你别急着夸下海口，还是先认完这个字再说吧。"说罢，他提笔写了一个"真"字。颜回一看，心想这也太简单了吧，于是立马回道："我还以为是什么难认之字呢，这个字我颜回五岁的时候就认识，不就是一个'真'字嘛！"

此时，食肆主人冷笑一声："哼，无知之徒竟然也敢冒充孔老夫子的门生，来人啊，给我乱棍打出去！"

无奈之下，被扫地出门的颜回只好灰头土脸地回到孔老夫子的身边。当他向老师讲述自己刚才被打的经历时，似乎还没有搞清楚问题究竟出在哪里。

最后，孔老夫子决定亲自出马，食肆主人还是写了一个"真"字，他得意洋洋地问道："老先生，请问这是一个什么字？"孔老夫子不假思索地答道："主人家，此字念作'直八'！"

此话一出，食肆主人果然喜笑颜开，他向孔老夫子拱了拱手，略带歉意地说道："原来您真的是孔老夫子，失敬失敬，您喜欢吃什么尽管点，在下绝对分文不收。"

颜回为这事儿感到十分不解，事后，他蹙眉问道："老师，您不是教我们那字念'真'吗，什么时候它变成'直八'了？"

孔老夫子叹了一口气，语重心长地说："子渊，有时候我们为人处事是认不得'真'的啊！"

从这个小故事中，我们可以看到，为人处事过分较真只会给生活平添波折，唯有适时地变通才能让我们得偿所愿。现在，请诸位回到之前我们所谈及的有关"工作经验"的话题，难道没有工作经验，我们就不能找到一份让自己满意的工作了吗？

因为没经验并不代表没经历，大学时期的活动经历、兼职经历等或多或少都和自己当下所应聘的工作有关联。只要我们懂得

163

变通，从迂回的角度来思考面试官的问题，就再也不会感觉如坐针毡，毫无底气。

吴梓涵在面试一家传媒公司的活动策划一职时，公司的人事总监就直言他缺乏活动策划的工作经验，可即便这样，吴梓涵也并没有放弃为自己争取的机会。他挺直了腰杆，不卑不亢地回应道："虽然我还是一名刚毕业不久的大学生，也确实没有任何拿得出手的工作经验，但是在读大学期间，我经常活跃在社团和学生会，作为一名学生干部，我经常要组织一系列的学生活动，四年下来，我已经累积了不少这方面的工作经验。"

人事总监一听，觉得吴梓涵的临场应变能力还不错，一下子就对他刮目相看了。吴梓涵一看人事总监的态度有所缓和，立马趁热打铁，将自己在大学期间策划的各类活动娓娓道来。他每详细述说一个，人事总监嘴角的笑容就扩大一分。

最后，人事总监答应给他一次机会，让他第二天就到公司上班，试用期一个月。

诸葛亮曾说："善出奇者无穷如天地，不竭如江河。"这句话中所谓的"善出奇者"指的就是能够穷则思变的智者。对于善于变通的人来说，这个世界上并不存在绝境。吴梓涵的求职经历告诉我们，只要人们愿意打破自己的思维定势，稍微动动脑筋，直中取变，开阔局面可能就在下一个拐角处。

第一份工作对于我们每一个人而言都特别的重要，没有工作经验并不代表我们在求职的过程中走进了一个毫无回旋余地的死胡同。其实，越是在这个艰难的时候，我们越是要沉住气。

首先，务必要有一个良好的心态，不断为自己脆弱的内心注入勇敢的力量，因为它们能唤醒我们身上的潜能，提高我们的自信心，帮助我们在变通的路途中越挫越勇。

其次，我们要善于改变自己的思维定势，毕竟固有的观念和思维才是变通之路上的最强敌手，冲破了这只拦路虎的凶猛阻拦，我们才有机会踏出迈向成功的关键一步。

最后，如果我们能够适当地借助外力的帮助，那一定不要怯于向他人开口寻求援助，"善假于物也"可是古代先哲们给我们这些子孙后代留下的真知灼见。

165

如今的职场竞争日益激烈，没有经验的菜鸟们总是备受讽刺和白眼，何不多一点变通，精心妆饰一下自己过往学习以及生活中的相关经历，从而吹响第一份工作的号角呢？

钻研多一步：可以做鸡头，绝不当鸡肋

美国心理学家约翰·威廉·阿特金森认为，个人的成就动机可以分为两类，一类是追求成功的动机，另一类是回避失败的动机。不管出于哪一种动机，我们都可以看出，其实每一个人的心

里都住着一个渴求完美的小人儿。

因此，当人们在选择工作的时候，一部分人总是倾向于对高难度的工作发出挑战的信号，而另一部分人则束手缚脚，只愿意做一个谨小慎微，用处不大且人人皆可取而代之的"鸡肋"。对于那些时不时出现的极其困难的工作任务，"鸡肋"型员工从来不敢主动发起进攻，在他们看来，如果想要保住眼前这个虽发不了财但也饿不死的饭碗，那么最好还是乖乖地待在自己的乌龟壳里，免得日后被挑战失败带来的巨大挫败感伤得体无完肤。

朋友王辰光是一所普通大学文秘专业毕业的大学生，毕业之后她就在一家外资公司担任部门主管的助理一职。至今工作已经好几年的她，在扣除五险一金后，每个月拿到手的工资大概有3000元。生性喜欢稳定、闲散和简单的她，当初在选择工作的时候，总爱将眼光放在一些没有多大挑战性的文职工作上。

助理工作虽然容易上手，但是长久做下来，也未免有些枯燥、单调和乏味。前一阵，她突然给我打电话，在电话里，她的声音显得格外低沉："我真不知道自己还能坚持多久，虽然我现在对这份助理工作已经是驾轻就熟了，可每天都干着同样的活儿，就跟天天吃一道菜一样，再这样下去，我迟早会发疯！"

作为朋友，听到她这些一反常态的丧气话，我着实为她感到担心："你是学文秘出身的，之前不是一直特别想要从事文职工作么？好不容易积攒了这么些年的工龄，你可不要因为一时的灰心丧气将它付之一炬啊！"

　　王辰光深深地叹了一口气，说："工龄有什么用啊？在公司领导的眼里，我就是一块鸡肋。即便我每天都会接手一堆鸡毛蒜皮的小事，尽心尽力地为公司付出，可他们总认为我是一个可有可无的员工，走了我一个不要紧，反正对他们影响也不大，何愁没人接替我的职位呢？"

　　说到这些，她明显有点激动，声音一下子增大了好几倍。我连忙安慰她："照你这么说，辞掉这一份工作也未尝不是一件好事。既然你做得那么不开心，还不如另觅高枝，换一家好一点的公司，选一个好一点的职位重新开始。"

　　"唉，我现在也是一团迷雾。工作了好几年，我的工作经验可以说是被文职工作给圈死了，要想换一个行业东山再起，恐怕难于上青天啊！"王辰光感觉自己现在是进退两难，进一步是万丈悬崖，退一步是无边暗谷，完全没有生还的余地。

　　其实，像王辰光这样沦为"鸡肋员工"的职场人士并不在少数。其中大多数的人还将这份让自己饱受煎熬的工作视为安身立命之所，尽管他们感觉现在的工作已经毫无出路，无任何趣味可言，却始终在这每天8小时的工作里混吃等死。因为"命悬一线"的理智在提醒他们：你需要生存。所以很多人还是选择待在这逼仄狭窄的安全屋内，不敢打破现有的工作状态。

　　这样做的结果是不言而喻的，"鸡肋员工"的精神状态肯定会一日不如一日，在公司将变得度日如年，除了紧张、厌倦以及无可奈何之外，他们根本感觉不到任何工作的快乐。更有甚者，在未来的某一天，公司老板可能会突然看他们不顺眼，一怒之下将他们扫地出门。所谓鸡肋，食之无味，弃之可惜，但这"可惜"并不是永久性的，只要找到了更合适的人选，公司领导就会选择更好的，再也不会对他们多看一眼。

因此，行走职场，尤其是对待将决定我们一生的第一份工作，我们一定要拿出万分的谨慎和加倍的钻研精神。为什么这么说呢？朋友王辰光之所以会觉得助理工作毫无前途和乐趣可言，那是因为她事先就已经界定了助理工作的内容和实质，此举其实跟画地为牢别无二致。

我们若想在职场获得成功，首先要做的事就是粉碎内心渴望安于现状的念想，然后在日常的工作之余，努力学习，提升自己各方面的能力。如果一味地埋首在繁琐的日常事务里，等我们抬起头来的时候，远方除了一片阴郁的暮色之外，压根就寻不到一丝光明。我们应该腾出时间来让自己独立思考，或是补充更多对工作有用的知识，竭尽全力打造自己的核心竞争力，使自己成为某个领域的精英人才。

在职场摸爬滚打并没有捷径可走，但只要我们努力做到以下几点，即使当不了能独当一面的鸡头，也可以摆脱"鸡肋员工"的耻辱称号，让自己扬眉吐气。

168

第一，为自己设立一个高标准，认真对待工作中的每一件事。高标准的要求才能产生高质量的成果，当我们力求尽善尽美，把自己的分内工作做好时，我们成长的速度会更快，从中收获的经验也会越多。

第二，把公司最优秀的同事当成自己学习和竞争的目标。初入职场，就跟林黛玉进贾府一样，难免人生地不熟，毫无安全感可言。唯有向出色的前辈们看齐，时时刻刻把他们看成自己学习的榜样以及竞争的对象，我们才能"近朱者赤"，茁壮成长，假以时日化身为一棵与他们比肩而立的参天大树。

第三，永远保持着一种不断挑战自我的信念和决心。鸡头可以做，鸡肋决不当。我们如果不愿意像软弱的绵羊一样终生吃草，就得拿出狼一般果敢的进取精神，鞭策自己不断进步。暂时的身居低位没关系，高昂的斗志和积极的钻研迟早会助我们直上青云。

人们常说，不能让孩子输在起跑线上，但是现实却告诉我们，每一个人的起跑线从来就不在一条水平线上。虽然许多职场新人并没有得天独厚的家世背景，可老天爷毕竟还是公平的，在时间的王国里，所有人都站在同一高度的平台上。面对第一份工作，我们不妨拿出自己的拼搏精神，充分运用自己的聪明才智，在钻研的道路上越走越远，直到遇见繁花锦簇的明天。

积极多一步：不要拒绝额外的工作

中秋节的时候，一个常年在美国工作的朋友特地打电话过来，祝我节日快乐。一阵寒暄过后，我俩天南地北地瞎聊起来。他给我讲了一个最近发生在他身边的有趣的小故事。

那是一个礼拜五的下午，马上就要到下班时间了。眼看着双休日即将来临，公司里的每一个人都显得有些慵懒闲散，无心工作。大家在心里盘算着该如何规划这难得的假日，和朋友去外面疯狂地玩一场，或是带家人出去吃一顿大餐，好好地放松一下自己的心情。

这时，一个西装革履的陌生男人走了进来，他问我朋友的同事麦克，哪儿能找到一名助手，帮他整理一下手头上的资料。这个男人的神色有点焦急，因为他的手头上有一些工作必须在当天完成，如果找不到合适的速记员，他就没法按时完成任务。

麦克好奇地问道："先生，您在哪个部门工作啊？"这个男人回答道："你可能不认识我，我们其实在同一家公司工作，只不过隶属于不同的部门。听说你们部门有许多打字飞快的速记员，我就找了过来。"

原来如此，可这实在是太不巧了。

麦克原本想告诉他，这个时候，他们部门所有的速记员都跑去看某歌星的演唱会了，如果他要是再晚来个5分钟，说不定连自己也已经下班回家了。

不过，麦克还是有点不忍心，他看了看手表，幸好时间还不是特别晚。于是，他对这个男人表示自己愿意留下来帮忙，理由是"看歌星演唱会并不是非做不可之事，况且以后这种机会多的是，但是，一个人的工作必须在当天完成"。就这样，两个人开始紧锣密鼓地工作起来，彼此配合得十分默契，原本需要一个小时才能完成的工作，不到四十分钟就彻底搞定。

顺利完成工作后，男人感到非常高兴，他礼貌地问麦克，这次应该付给他多少工钱。

麦克听了，开玩笑地回道："今天也算是帮了您一个大忙，那您就支付我200美元吧。"男人笑了笑，立马从钱包里掏出200美元，恭敬地递给了麦克，并对他再三地表示感谢。

麦克不过是开个玩笑，没想到男人竟然把他的话当真了。事情到这儿并没有画上句号，好事还在后头呢。一个礼拜后，当麦克已经把这件事忘得一干二净的时候，公司人力资源部门的主管杰森突然找到了他，告诉他公司总经理决定给他加薪升职。

当我这位美国朋友把故事讲到这的时候，我急切地追问道："难不成麦克帮助的那个男人是公司的总经理？不太可能吧，他怎么会连公司的总经理都不认识呢？"

"当然不是啦！那个男人虽然不是公司的总经理，但他的身份也是非常尊贵的，他是公司的部门高管。前不久刚来财务部工作，就是他把麦克的事儿告诉了总经理。"面对我的质疑，朋友慢条斯理地解释道。

听完这个故事，我不禁陷入了沉思。在很多人眼里，额外的工作往往就像天外飞来的麻烦，主动将它们揽到自个儿的身上，无异于搬起石头砸自己的脚，如此费力没酬劳的事儿，每一个人都是唯恐避之不及。

要是换成我，恐怕也做不到像朋友的同事麦克那样，明知对方的事不在自己的工作范围之内，还主动为他提供帮助吧！尤其是在周五快下班的点儿，大家总是归心似箭，巴不得早点离开公司，怎么会还有心情去帮助一个与自己毫不相干的陌生人呢？

可是，麦克却做到了！面对额外的工作，他并没有像大多数人那样选择拒绝，而是勇敢地向对方伸出了援手，结果自然是皆大欢喜。他不仅成功地帮助了那个男人，还收获了200美金的酬劳以及一次升职加薪的好机会！

由此可见，职场上的晋升机遇总爱乔装成"额外工作"的样子，在错综复杂的职场上，一个不会拒绝"额外工作"的人才是富有远见的智者。

为什么那么多的人都把额外工作看成洪水猛兽，一遇见它，就纷纷逃窜呢？我觉得问题还是出在人心上。我们对一件事的恐惧往往都植根于自己的想象。

其实，额外工作本身并不可怕，是我们带着自己的主观臆断，在脑海里把它过度妖魔化了。并且，这种不科学的自我想象还让我们在额外工作面前不自觉地感到焦虑和无助。实际上，这种焦虑和无助远比额外工作本身更为可怕，它让我们给自己增加了不必要的心理负担，损耗了许多内在的元气和精力，直接降低了我们的工作效率。

只要换个角度思考问题，我们就会发现，许多额外的工作正是化了妆的职场机遇。正所谓傻人有傻福，只要我们平时不对额外的工作说"不"，今日的吃亏必定会换来明日的好运连连。职场新人更是要谨记这一点，初入职场，面对自己的第一份工作，积极一点，多干点活儿反而能提升我们的工作能力，让公司的领导和同事亲眼见证我们的迅猛成长。

执着多一步：在工作中寻找乐趣

曾经在书上看到过这么一个有趣的故事。为了调查人们对于同一件事情在态度上的差异以及这种差异带来的不同影响，一位心理学家特地来到一个建筑工地做实地调查。此时，刚好工地上有三个忙着敲石头的建筑工人，于是，他分别问了这三个人一个相同的问题："请问您现在在做什么事儿？"

听了心理学家的问题，第一个工人的脸顿时拉得老长，他语带怒气地回道："我在做什么？你难道没长眼睛吗？我正在用这把死沉的铁锤，敲碎这些可恨的石头啊！这些石头真是又臭又硬，我的手都快敲残废了，老天爷实在是太该死了！"说罢，他还使劲地甩了甩手。看他愤愤不满的神情，似乎恨不得甩掉自己悲惨的命运以及手上那把可恶的铁锤。

第二个工人则有气无力地哀叹道："我在修房子。这份工作可不是一般人能吃得消的，累死人不偿命啊！要不是为了养家糊口，谁愿意日晒雨淋、没日没夜地敲石头啊？"他擦了擦额头上的汗水，满是无奈地摇了摇头，又继续挥手敲打眼前的巨石。

第三位工人却是一脸快乐的表情，他笑着说道："我正在修建这个世界上最宏伟的教堂，等它竣工之后，有很多信徒都会到这儿来做礼拜。虽然敲石头是一件苦差事，但一想到未来将有好多人到这里接受上帝的关爱，我浑身就充满了积极向上的正能量。"

大家猜猜这三位建筑工人日后会有什么样的人生际遇？许多年后，心理学家找到了他们，原本在同一家建筑工地敲石头的三个人，现在竟然过着天壤之别的生活。

当年的第一个建筑工人现如今还是一个拿着微薄薪水的建筑

工人，每天重复地干着敲石砌墙的体力活；第二个建筑工人的情况比第一个建筑工人要稍微好点，他现在已经是一个包工头了，每天带领自己的施工团队穿梭于各大工地，虽然衣食无忧，但也感觉不到快乐；至于第三个建筑工人，心理学家并没有花费太多的心思去寻找他，因为他早就成为一个名气响当当的建筑公司老板，时不时地出现在各大报纸头版。

三种工作态度造就三种人生际遇，与其说这是造化弄人，不如说是心态决定命运。我们每一个人的一生都离不开工作，工作虽然不是生活的全部，但我们一天花在工作上的时间多半不少于8个小时。如果一个人想要实现自己的人生价值，那么工作无疑就是他最好的选择之一。因为工作不仅仅意味着付出努力，还会给人们带来丰硕的果实。

故事中的第一个建筑工人之所以感觉不到工作的意义所在，完全是因为他没有在工作中找到任何的乐趣。当他把敲石头的工作当成是一件特别痛苦的事时，他的人生也就成了一出极其煎熬人心的悲剧，除了愁苦和烦闷，又有什么值得振奋精神的呢？

喜欢加缪哲学的人应该知道，加缪认为生命本没有意义可言，处处充斥着荒诞和滑稽，但正因如此，人类才要奋起反抗，像古希腊神话里的西西弗斯一样，推着巨石不断地上坡，即使永远无法到达山顶，也要凭借自己顽强不息的抗争，向众神证明自己的尊严。

工作亦是如此，它本身并没有乐趣和意义，所有的价值全部是人为加在它上面的。不管我们从事的工作是单调乏味，还是趣味盎然，这一切都取决于我们看待它们的心境。正所谓相由心生，大抵就是这么一个理儿。

只要我们愿意在工作中成全自己的快乐，那么即便我们在建筑工地上干着泥水匠的粗活儿，也能把每一天过得生动多姿，意义非凡；我们若是视工作如孙悟空头上的紧箍圈儿，认为工作不过就是为了图个马马虎虎的生存，那么我们很难享受到温暖醉人的阳光生活。

任志梁大学毕业后的第一份工作是行政助理，这个职位原本就是女生居多，任志梁作为一个大男生，成天和一群女同事打交道，确实有点不太自在。

工作的第一天，他就在QQ上向好友抱怨自己入错了行，寻思着是不是应该换一份工作。但身边的朋友纷纷劝他不要辞职，因为现在这个社会，找工作就跟找对象一样，下一个未必比眼前的这一个好，而且错过了这一村，未必就能碰见下一家店。

那该怎么办呢？成天愁眉苦脸地工作也不是一个长久之计啊！得亏任志梁还算是一个悟性不错的人，他觉得快乐是一天，不快乐也是一天，与其带着负面消极的情绪去工作，还不如调整心态，和女同事们打成一片，努力在工作中寻找乐趣。

事实证明他的想法是正确的，当他微笑着面对每一位同事时，同事们也纷纷回以笑脸，不仅在工作上给予他宝贵的建议，生活中亦是对他照顾有加。平时他要是工作任务太过繁重，总会有女同事主动请缨，替他分担一些力所能及的事。

被同事的热心和友善所感染，任志梁疯狂地爱上了这家公司，喜欢上了自己的第一份工作。就这样，他的心情一好转，就连思维和手脚都要比原来活跃灵敏许多，繁琐单调的行政工作不再让他心力交瘁，每一天他都能从工作中挖掘到不同的快乐。

孔子曾说："知之者不如好知者，好之者不如乐之者。"在我看来，任志梁就是一个典型的"乐之者"，他把工作当成是一种快乐。众所周知，兴趣是一个人最好的老师，出于这个强有力的动机，我们又何愁干不出一番骄人的事业，何愁不能拥有幸福快乐的生活。

其实，在工作中寻找乐趣并不是无路可寻，只要我们有心，执着地往前多行进一步，快乐往往近在咫尺。

在工作中寻找乐趣的第一步，应该是怀抱一颗乐观感恩的心，全力塑造一个积极向上的工作观。《宁静之祷》中有这么一句话："请赐我宁静，去接受我不能改变的一切；赐我勇气，去改变我所能改变的一切。"世界上无法改变的事情数不胜数，唯有我们的心态可以任由自己做主。相信每一个人在做自己喜欢做的事时，很少会感到疲惫乏味。因此，我们一定要带着感恩之心去热爱自己的工作，只有这样，工作中的乐趣才会

177

从天而降。

除此之外,积极的工作态度也必不可少。把工作当成巨大包袱的人,不仅不会从工作中找到乐趣,反而会沦为工作的奴隶。工作的时候就应该学习希尔顿,即便是洗一辈子的马桶,也要当一个洗马桶行业内最为出色的人。

最后,不要惧怕工作会枯燥无味,不管是哪一种工作,我们都可以从中挖掘出它的乐趣。比如,有的职业需要和许多人打交道,人际交往其实也是充满乐趣的。与人交谈的时候,我们可以细心聆听对方丰富的人生经历,一方面增长自己的见识,另一方面又为自己拓展了人脉资源,可谓是一举两得。

职场成功向来青睐开心工作之人,它就像一面一尘不染的镜子,我们笑着对它,它也会回赠我们一张嘴角扬起的笑脸。那么还等什么呢?如果你现在正闷闷不乐地干着自己的第一份工作,那么请立即转变心态,在工作中寻找属于你的乐趣吧!

第七章

别还没弄清游戏规则
就被踢出局

凡是存在的，就有它存在的道理。不要总觉得自己是阳春白雪，别人都是下里巴人。每个圈子都有自己的游戏规则，你不尊重规则，就别怪别人把你从游戏中除名。所谓"入乡随俗"，你想在职场中站稳脚跟，就不要轻易地打破别人早已形成的"默契"。

真相：工作没有所谓的"挑战性"

生活中，总有年轻的小伙子和小姑娘向我请教该如何做好第一份工作，每次听到这种问题，我都会笑着告诉他们，事无巨细，不管它在你的心里占有多大的分量，请认真做好。

为什么我会这么说呢？许多初入职场的年轻人，往往带着几分初生牛犊不怕虎的勇士精神，他们梦想着自己能在当下的工作岗位上干出一番丰功伟绩。如此的豪气满怀，让他们在进行工作的时候，总是倾向于选择一些富有挑战性的任务。因为在他们眼里，工作若是没有丝毫的挑战性，就无法催生出挑战成功后的成就感。

而成就感能带来什么呢？相信每一个在职场摸爬滚打的人都心知肚明，无非就是一种对自我能力的认可。当我们认识到这一点后，就不难理解为什么职场新人对极具挑战性的工作痴迷了。

综上所述，年轻人这种"明知山有虎，偏向虎山行"的急切心理确实无可厚非。但是，一个无可回避的事实是，工作中的绝大部分任务其实并没有太多所谓的"挑战性"。许多工作压根就谈不上什么"技术含量"，我们一旦做起来，日复一日，年复一年，终有一天会感觉到它的乏味和枯燥。等到了那个时候，过往我们脑海里心心念念的成就感只怕是"命比纸薄"。

职场上根本就不存在什么值得去做和不值得去做的事情，必须做的事情从来就是值得去做的事情。因此，与其说职场潜藏着富于挑战性的工作，还不如说把零碎繁琐的工作做好才最具挑战性。毕竟公司领导在乎的是有没有人一丝不苟地去完成这些工作，高效和高质才是检验一个员工工作是否合格的标准。

刘欣梦在一家教育培训机构担任作文老师，刚入职不久的她，对待自己的第一份工作有着超乎寻常的热情。她在大学主修汉语言专业，平素酷爱阅读，有事没事经常一个人跑到图书馆去看书，即便现在已经步入职场，脱离了学生时代的悠闲和轻松，她还是不改喜爱阅读的习惯，一个月总要在市图书馆消磨个好几天。

广泛地阅读带给她非常多的好处，文字功底深厚便是其中之一。俗话说得好，腹有诗书气自华，在公司领导和同事的眼里，刘欣梦就是一个出口成章的大才女，为人处事总带着浓厚的知性气息。可这世界上终究没有完美之人，让公司领导头痛的是，刘欣梦虽有满腹才华，但工作起来却有点自信过头，她平时给学生们上课时从来都是两手空空，不带教案。

从事教师一行的人都知道，不论你所教授的是哪一个科目，教案绝对是必不可少的。一个设计良好的教案，对于一个老师的课程开展往往起着十分关键的作用，它不仅能帮助老师把握整体的授课思路，还能详略得当地突出授课的重点和难点，让学生们学得更加轻松。公司领导认为，作为一个刚踏上讲台不久的新老师，刘欣梦并没有丰富的授课经验，准备完备的教案是不容忽视的一个重要环节。

可刘欣梦显然高估了自己的能力，自工作以来，她从没有按照公司的要求设计和撰写过任何教案，每一次给学生们讲课几乎都是现场直播。在她看来，设计和撰写教案是无能者才会干的事，凭借她的实力，根本无须多此一举。况且，她向来就喜欢富有挑战性的工作，毫无准备地上台讲课更有利于她临场发挥，与学生互动，还能迸射出精彩纷呈的火花。

常言道，常在河边走，哪能不湿鞋。刘欣梦的临场发挥终究还是有"卡壳"的一天。有一次，她在给学生讲解写作中的"个性化的人物语言"时，脑袋一下子变得不太灵光，一时举不出鲜活灵动的实例。尴尬之余，她只好拘泥于纯理论式的阐述。此时，台下的学生早已乱成一团，眼看课堂的秩序就要失控，刘欣梦开始有点手足无措了。

但懊恼并不能解决问题，刘欣梦试图让学生们安静下来，可

183

不管她好言相劝还是严厉批评，学生们就是不肯配合。有几个脾气暴躁的学生甚至拍桌而起，语带不敬地对她说："刘老师，你要是上课有意思，我们也不会不听你的课啊！你的课太无聊了，我们要回去跟爸爸妈妈讲，让他们给我们退课！"

教育培训机构毕竟不是公立学校，从某种程度上讲，学生就是培训老师的衣食父母，刘欣梦得罪了自己的衣食父母，无异于挥刀斩去了自己的经济来源。

没过多久，就有学生家长找上了门，要求公司领导立马辞退刘欣梦，否则他们就要另寻培训学校。出于无奈，公司领导只好对他们再三保证，日后再也不会发生这种事情，希望他们能给予刘欣梦老师一次改正的机会。

刘欣梦也意识到自己的错误所在，当着诸位家长的面，她承诺自己日后一定做好教案准备工作，努力让授课变得生动活泼起来。看在她辞恳意切的态度上，家长们决定再给她一次机会，至于授课效果好与不好，从学生们的作文中便可见分晓。

自这件事之后，刘欣梦对于工作有了颠覆性的改观，她再也不敢小瞧工作中任意一个小环节了。工作有没有挑战性并不是最重要的事儿，努力把工作做好才是当务之急。就拿刘欣梦的工作来说吧，临场发挥虽然新鲜刺激，但是这也可能会让她在阴沟里翻船。唯有稳扎稳打，落实好授课过程中的每一个步骤，她才能给学生、家长以及公司领导交上一份漂亮的答卷。

其实，对于所有刚走上工作岗位的菜鸟们来说，真的不必太执着于工作是否具有挑战性。熟能生巧，再高难度的工作总有一天也会如小菜一碟。轻松简单的小事若是没有做好，反而会让我们陷入"一步错，步步错"的窘境，最后落得个满盘皆输的结局，此时再来谈成就一番大事业，旁人兴许会觉得我们有点痴人说梦，不知天高地厚。

因此，我们不如调整一下好高骛远的自傲心态，脚踏实地地做好工作的每一个细节，聚散为整，创造出高效高质的工作成果。

永远不要让你的技巧胜过品德

美国电影《勇气》里有一个非常打动人心的故事情节：西班牙人哈维尔一家非常贫困，全家人都指望着他那点微薄的薪水过活。有一天，哈维尔所在公司的老板想找一个经理来管理存货和货运，哈维尔刚好是他们看中的人选之一。

毫无疑问，部门经理的工作责任更大，但这也意味着薪水更多，哈维尔当然想得到这份工作，以改善家人的生活。此时，老板却提出了一个条件，他希望哈维尔下周能在那个部门上一天班。期间哈维尔会收到 17 个板条箱，但是有一个板条箱会放到另一个库房，当报告收到的货物时，老板希望他说收到的是 16 个箱子。

明白了老板的话中之意后，哈维尔起初的那份兴奋顿时荡然无存，留在心间的只有满满的忐忑。他一点也不想帮老板作假，但是如果他不愿意揽下这个活儿，老板就不会将他看成是自己团队里的一员，而他现在做的这份工作也势必保不住。

就这样，哈维尔陷入了两难的境地。老板给了他一个晚上的考虑时间，让他第二天上午十点前必须作出答复。迫于生存的压力，哈维尔的妻子刚开始并不愿意他放弃这份工作，但是哈维尔坚持要给自己的孩子树立一个好的榜样。于是，第二天，哈维尔如期来到了老板的办公室，向老板说明了自己的真实心意，最终婉拒了老板的邀请。

听到哈维尔的回复后，老板却高兴地站了起来，友好地向他伸出了右手："哈维尔，我可以和你握手吗？"

面对哈维尔一脸的迷惑不解，老板笑着解释道："年轻人，你刚刚给了我正确的答案。我一直在找一个值得信赖的人来管理存货和货运，你本来是我最不作考虑的人，但你用你的真诚打动了我。你愿意接受这份工作吗？我们会调整你的薪水。"

故事发展到这里，我相信很多人都明白这究竟是怎么一回事儿了。从哈维尔老板的话里，我们可以得知这一切完全是一个考验，而哈维尔是所有员工里唯一一个通过考验的人。以一个过来人的眼光来看这个故事片段时，我认为初入职场的年轻人，在面对自己的第一份工作时，千万不要急于建功立业，一定要先问问自己，"在老板的眼里，我是不是一个有德之人？"

对于任何人来说，有德才有"得"。唯有品德过关，公司老板才会信任我们。即便有工作能力胜过我们百倍的员工，他们也完全可以胜任我们当下的工作，但只要他们在老板的心目中还没建立起稳固的信赖感，我们这些初出茅庐的后生晚辈照样有生存的空间。

永远不要小看品德的重要性，当公司老板觉得我们为人可靠、极富职业道德感时，他就会把更多的发展机会留给我们。一旦有加薪又升职的好事，他第一个想到的也会是自己信赖和赏识的员工，因此可以毫不夸张地说一句，品德优秀是一个人走向职场成功的通行证。

我想这应该不难理解，平时去外面吃饭，相较于路边脏兮兮的小摊子，人们还是倾向于选择在干净明亮的餐馆里就餐。除了觉得餐馆里的饭菜要比小摊子上的更加美味可口外，还有一个很重要的原因，就是人们普遍觉得餐馆里的饭菜质量要比小摊子上的更为可靠，不用太担心自己吃到不太健康的食物。

因此，身为一名员工，尤其是毕业不久刚刚走上工作岗位的年轻人，要想在人才济济的新人队伍中保全自己的位置，得到老板的信任和重用，就必须先让老板对我们产生一种心理上的安全感，觉得我们做人做事都非常靠谱，不会在关键时刻"掉链子"。

倘若做不到这一点,就只能像下面这个故事的主人公一样,被公司领导无情地扫地出门。

罗辉明是公司采购部的一名老员工,工作能力突出的他颇受领导赏识。他平时负责办公用品的采购,有时候同事们工作中突然缺了东西,都会第一时间找他帮忙。

罗辉明特别喜欢一个人出去采购办公用品,每次回来记账的时候总会从中揩点油水。对于这种贪小便宜的行径,和他一起负责采购的年轻同事刚开始并没有向公司老板打小报告,毕竟每次都只是几块钱的事儿,觉得没有必要把事情闹大。

然而,让年轻同事实在看不下去的是,罗辉明的胆子越来越大。以前他还只是从中赚个几块钱或是十几块钱,可现在的金额却一次比一次大,最高的时候他竟然拿走了好几百块。年轻同事非常担心,照这样下去,公司老板迟早会发现罗辉明从采购物资里捞取油水的卑劣行径,到时候只怕是城门失火,殃及他这条无辜的池鱼。

经过再三考虑,年轻同事决定向部门主管投诉罗辉明,部门主管随即将此事反映给了公司老板。最后,罗辉明资深老员工的美好形象不仅在同事们的眼里土崩瓦解,公司老板更是为此感到心寒齿冷,一怒之下炒了他的鱿鱼。

有一句谚语:"永远别让你的技巧胜过你的品德。"这句话放在罗辉明的身上再合适不过了。纵然他拥有比寻常员工丰富许多的工作经验，纵然他的工作能力和技巧远在其他同事之上，但是如果没有优秀的品德做支撑，他的职场生涯也必将惨遭滑铁卢。

由此可见，行走职场，品德优秀就是我们最好的金字招牌。只有成为一名品德优秀的员工，我们才能赢得老板的信赖。而只有赢得老板的信赖，我们才有资格在这个"江山代有人才出"的职场上继续打拼奋斗下去，将自己的事业越做越好。

只知埋头苦干，难以出人头地

看过《射雕英雄传》的朋友们大概都清楚书中有这样一个故事情节：黄蓉被一个巨大的海蚌夹住了脚，情急之下，她捧起身边的一块巨石，往蚌壳上砸去，无奈蚌壳坚厚，几番击打，它竟然纹丝不动。最后，她灵机一动，抓起一把海沙投入蚌壳的缝中。因为蚌贝非常害怕细沙小石，所以没过多久，蚌壳就自动打开了，黄蓉的脚也因此得救。

这个有趣的故事情节刚好印证了民谚中"卤水点豆腐，一物降一物"的说法。一味地蛮干和苦干并不是解决问题的好方法，只有抓住事情的关键点，有针对性地去看待问题，巧妙地去对症下药，我们才能像黄蓉那样，顺利地从蚌壳中脱"脚"而出，获得生机。

在职场上打拼,讲的也正是这样一个理儿。做事一定要注意方法,只会埋头苦干往往难以出人头地,学会抬头巧干才能让我们事半功倍。

毕业不久的大学生刚踏入社会,走上工作岗位,都想凭借自身的勤奋上进,逐步改善自己的物质条件,提高自己的生活水平。可是,日复一日的起早贪黑和埋头苦干却并不一定能圆我们想要加薪和升职的美梦。时间一长,我们渐渐地发现,即便每天都在公司勤勤恳恳地工作,完成了很多额外的工作任务,我们却依旧没有得到老板的肯定和赞赏,有的时候甚至还会招来老板的责罚。

几年前,朋友姜米雪大学毕业以后,在一家非常有名气的广告传媒公司从事文案策划的工作。初入职场的她,不仅对当下的工作充满激情,对于自己的未来更是有着美好的憧憬。

米雪曾对我说,只要她努力地工作,假以时日,她一定能在公司脱颖而出,成为全公司最引人注目的一道风景。带着这样坚定的信念,米雪从第一天工作开始,就认认真真地做好手上的每一件事。当别的同事都趁老板不注意偷懒闲聊时,她还是坚持工作,精益求精,时不时地还加班加点。有些别人都不愿干的麻烦事儿,她更是主动请缨,义无反顾地把它揽了下来。

面对我的不解,她总是笑着解释道:"我是个精力充沛的年轻人，在公司多干点活儿又累不死，还能给自己多攒点经验，这是一件好事啊！"就这样，米雪每天除了完成好自己的本职工作外，还会经常帮助其他同事，为此，有时候她甚至要加班到晚上十点。

长此以往，米雪错过了许多次与公司老板面对面沟通交流的机会。当别的同事忙着在领导面前推销自己时，她总是埋首在自己的办公桌前，争分夺秒地工作。可如此辛勤地工作到头来却总是空劳累一场，她非但没有得到公司领导只言片语的安慰和赞赏，还常常饱受奚落和批评，这实在让她百思不得其解。

有一次，米雪花了不少心思，写了一份文采飞扬、颇有见地的报告，本以为会得到公司老板的夸奖，没想到老板看了之后却怀疑她是在抄袭，这让米雪觉得十分委屈。

比这更严重的是，当米雪工作中出了一点小失误的时候，公司老板就会非常生气地对她说："每天就只看见你一个人在那瞎忙活，也不知道你究竟在忙些什么！交给你那么一点点工作，你竟然还能出这么大的纰漏！回去好好地反省一下，给我写一封检讨书来！"

米雪挨了老板的批评之后，真的觉得自己比窦娥还冤。她狼狈地从老板的办公室里走出来，紧接着就给我打电话，语带哽咽地向我抱怨道："我怎么那么倒霉啊？天天像一头老黄牛一样埋头苦干，做了那么多的工作，不被老板赏识也就罢了，怎么反倒挨骂呢？"

我知道，此时遭受了严重打击的米雪，再也不是刚进公司时的那个意气风发的年轻女孩了。为了让她尽快地走出消极负面的情绪，我立马在电话那头给她提供了几个"苦干不如巧干"的小建议。

首先，米雪应该将自己的大部分精力和时间用来做有用的事情，选取那些和自己的工作直接相关的事情，挑战一些绩效较高的工作任务，从而快速地提升自己的工作能力。

其次，一定要懂得拒绝。做一个对工作认真负责的人，并不代表我们要无限度地为别人分担他们自己分内的工作任务。因此，如果有同事经常把我们当作免费的"便利贴员工"，我们务必要果断地拒绝他们。只有这样，我们才能集中注意力来应对自己的工作，争取在工作上少出或是不出纰漏，不让公司领导抓住我们任何把柄。

最后，我们还要抓住和领导沟通交流的机会，不要让彼此之间产生不必要的误会，同时还要适当地在领导面前表现自己的能力和才干，以便加深他对我们的好印象。

这一点其实并不难做到，只要我们像孔雀开屏那样，勇敢地亮出自己所创造的业绩，最后肯定能吸引领导的注意力，让他对我们刮目相看。

俗话说，响鼓不在于重锤。米雪毕竟是一个聪慧的女生，她在认真听取我的建议之后，决心不再做一个只知埋头苦干的二愣子。她就像电影《杜拉拉升职记》中的杜拉拉一样，吃一堑长一智，把所有有关职场巧干的技巧全部记录在自己的笔记本上，每日晨昏定省，告诫自己不要被同一块石头绊倒。

后来，在一次公司员工大会上，米雪当着众人的面，自告奋勇接下老板委派的工作任务。这一大胆的举动让公司领导和同事都瞠目结舌，谁也没有料到平日里那个闷不吭声的小丫头身上竟然潜藏着如此大的爆发力。既然她这么积极上进，公司领导也就成全了她的念想，最后她果然没有让领导失望，出色地完成了工作任务。

美国名将艾森豪威尔曾说："只知道往前冲的不是一名好军人，最起码不是一名好军官。"行走职场，我们一定要明白一个道理，苦干不讨好，劲儿须用得巧。只有做好了以上几点，我们才能在职场上把自己的工作干得有声有色，让领导刮目相看；否则，再埋头苦干，再全心全意地付出，最终也只会是费力不讨好，竹篮打水一场空。

只有不公平这件事是公平的

　　相信很多职场人士都曾有过这样的经历：在老板的眼里，我们花了很长的时间做一件事情，就是"效率低下"，有的人花了很长的时间去做一件事情，则是"思维缜密"；我们工作出了差错，就是"粗心大意"，有的人工作出了纰漏，则是"任务繁多"；我们和同事打成一片，就是"搞小圈子"，有的人和同事来往过密，则是"为人随和"；我们在上班期间讲笑话，就是"不务正业"，有的人在工作时间开玩笑，则是"活跃气氛"……

　　为此，秉持着"不患寡而患不均"的诸位职场同仁们都感到极度郁闷，大家伙所做的事情明明就别无二致，可最后得到的待遇却有着天壤之别，凭什么呀？

　　要知道，现代职场不同于大学校园，即便我们看不惯公司领导在用人方面的"有失偏颇"，我们也没法"公车上书"，让公司领导回心转意，公平公正地对待每一位员工，更别说"揭竿起义"，推翻这一位昏庸无能的"君主"，自个儿翻身当家做主人了。

　　再者，人生本来就是不公平的，从我们呱呱落地的那一刻开始，每一位新生儿都无法站在同一条起跑线上，比如大家的智力有高有低、家庭环境有好有坏等。可正如狄更斯在《双城记》的开头所言："这是一个最好的时代，也是一个最坏的时代。"与前人相比，我们所遭受的不公平待遇实在算不上什么；与后人相比，我们饱受的不公平折磨或许还有些分量。但时光总是一去不复返，既然我们生活在当下这个时代，就应该尽情享受这个时代的美好。

其实，绝对的公平永远只能是一个美好的愿景，我们可以像夸父追日那般朝着这个美好的愿景不断地奋斗和努力下去，但是一定要记住一点，梦想的魅力并不在于结果的实现，而在于追逐的过程。

195

因此，当我们置身于职场不公平的现状中时，哪怕心里再不舒坦再不快乐，都必须学着接受现实，积极主动地去适应这种现实；否则，一味地抱怨和消极怠工只会让公司领导丧失对我们的信任和赏识，最终视我们为食之无味的鸡肋。

谭永晨在大学毕业之后，费了九牛二虎之力才进了一家大型企业工作。对工作充满热情和干劲的他，一心认为职场竞争法则必定是"多劳者多得"，只要他努力工作，为公司创造出非凡的业绩，公司领导一定会对他倍加赏识。

然而，这种想法只维持了短短三个月的时间就惨遭夭折，促使谭永晨心态发生转变的到底是什么事情呢？故事得从谭永晨的上司崔圣波开始说起。前一阵，公司领导交代给崔圣波一项非常重要的工作任务，让他在一个礼拜之内上交一份公司下半年的发展计划书。

　　可崔圣波刚好私事缠身，但碍着领导的面儿，他始终不好意思推却这份差事，最后只好强拍着胸脯应承了下来。步履沉重地走出领导的办公室之后，他突然灵机一动，想出了一个方便自己处理私事的妙招。

　　在崔圣波的心里，属下谭永晨虽然刚进公司不久，但是工作能力却远远胜于其他同事，让他帮自己写这份计划书绝对能完美交差。

　　于是，崔圣波将谭永晨叫进了自己的办公室，笑着对他说："小谭啊，你最近的工作表现非常不错，我经常在公司领导面前表扬你，相信要不了多久，你一定会加薪升职。"上司的一番溢美之词顿时捧得谭永晨有点飘飘然了，他摸了摸后脑勺，语带腼腆地回应道："谢谢崔哥在领导面前为我美言，今后我一定更加努力地工作，争取成为您的得力助手！"

　　果然不出崔圣波所料，面对他的夸奖，谭永晨确实急于表示自己的忠心。"嗯，既然如此，那我现在手头上有一件特别重要的活儿，你愿不愿意腾出一点时间帮我分忧解劳呢？"

　　"有事您只管说，只要我力所能及的，我都愿意为您效力！"眼看上司如此看重他，谭永晨想都没想一下就打起了包票。就这样，崔圣波成功地将烫手的山芋抛到了谭永晨的手上，自己赚得个一身轻松！

196

在接下来的一个礼拜里，谭永晨不仅要按时完成自己的工作任务，晚上还得加班加点撰写本该属于上司工作范畴的计划书。连续七天的高负荷工作下来，他整个人累得就跟一头老黄牛一样，晚饭顾不上吃不说，回到家连澡都来不及洗就倒头大睡。

等到计划书一出炉，他就迫不及待地将它呈到上司崔圣波的跟前，原本以为崔圣波会夸他工作完成出色，没想到崔圣波拿到计划书草草翻阅之后，就飞奔到公司领导的办公室，压根就对他不管不顾，仿佛他就是一个无足轻重的隐形人。

一个小时后，公司召开员工集体会议，公司领导走进会议室的时候满面春风，心情似乎出奇的好。跟在领导后面的还有一个人，那就是谭永晨的上司崔圣波。看他嘴角隐隐若现的笑意，大伙儿都猜他是不是遇着什么喜事了。果不其然，公司领导很快就切入了此次会议的主题，他先是高度赞扬了崔圣波上交的这份计划书，紧接着就号召公司其他同事向崔圣波学习，一定要不出差错高效高质地完成自己的工作。

此时，谭永晨才明白自己不过就是上司崔圣波手里的一枚棋子，这步棋的名字就叫"为他人做嫁衣"。看着上司崔圣波心安理得地接受本该属于他的赞美，谭永晨真是恨得咬牙切齿，巴不得立马冲上台去，向公司领导说明事情的真相。

可冲动归冲动，他最终还是不敢付诸行动，万一公司领导不相信他的话，自己这三个多月的辛苦工作不是白白打了水漂吗？

会议结束之后,他回到了自己的座位,跟旁边的同事倒起了苦水:"这也太不公平了,我这个礼拜早出晚归,辛辛苦苦写下的计划书,难道就这样被他无耻地窃取了吗?"同事们都非常同情他的遭遇,但是谁也不敢为他仗义执言。

前辈李月红语重心长地对他说:"小谭,你不要再愤愤不平了,每一个公司都存在类似这样不公平的现象,无论社会进步到什么程度,也不管企业的管理如何开明,企业内部永远都是一个金字塔结构。公司领导和部门主管总是处于金字塔上层,我们位居下层,谈何'公平'呢?你若是想要绝对的公平,除非努力爬到金字塔的上层。"

前辈的一席话看似残忍,却句句在理,原本还心怀不满的谭永晨瞬间茅塞顿开,拨开了压抑在心头的重重迷雾。

作为一名职场新人,和故事中的谭永晨一样,很多刚毕业不久的大学生往往都会走入"渴望公平"的误区。其实,这一切都源于他们对职场"丛林"生存法则的陌生。如果说公平属于过往纯真美好的大学时代,那么现代职场完全是反其道而行,处处讲究的是"物竞天择,适者生存"。

当我们投身到职场之后,不妨调整一下自己的心态,抛掉大学时代不现实的工作憧憬,让自己经历一次精神上的蜕变。面对职场上诸多不公平的现象,我们虽然无法从源头上将它杜绝,但在实际的应对过程中,还是有许多效果显著的对策和方法。

第一，识时务者为俊杰，接受我们不能改变的现状。

只有不公平这件事是公平的，早一点意识到这个真理，我们就能少走很多弯路。既然职场注定无法为我们预备一条绝对公平的康庄大道，我们就不要让自己陷入毫无意义的负面情绪之中无力自拔。勇敢地接受这个现实，我们才能轻装上阵，开开心心地过好每一天。

第二，心转才能逢春，将不公平的遭遇当成考验。

正所谓"天将降大任于斯人也，必先苦其心志"，故事中的谭永晨如果没有超强的工作能力，上司崔圣波也不会选择将这么重要的工作任务转移到他的手上。因此，如果我们稍微转变一下看待事情的角度，说不定就能很快摆脱这种不公平遭遇带来的糟糕心境。

众所周知，工作并不是完全为了加薪和升职，倘若它能提升我们的工作能力，那么最终受益的其实还是我们自己。如此，把不公平的遭遇当成考验，我们才能一步一个脚印，稳稳当当地走向一个更加完美的自己。到时候，又何愁没有丰厚的薪资待遇等着我们呢？

总之，工作中遭遇不公平的事是非常正常的，与其一味地怨天尤人，不如化悲愤为动力，在工作中力争优秀。当我们消除了不公平的心理障碍之后，就能勇敢地接受考验，让自己越挫越勇，最终迸发出璀璨夺目的光彩，成为一名无可替代的出色员工。

别小看细小的规章制度

　　孟子曾说:"不以规矩,不能成方圆。"在日常生活中,制度和规则几乎无时不有、无处不在,大到一个国家,小至一个企业,一般都拥有属于自己的规章制度。触犯了一国法律的人,总会受到法律的制裁,那么违反了公司规章制度的员工又会遭遇什么惩罚呢?

　　戴风发酷爱写作,曾一度混迹于诗人作家的队伍里。平时工作之余,他也常常舞文弄墨,写一些诗歌和文章,身边的朋友们个个都曾拜读过他的"大作"。

　　最近,一个和他从小玩到大名叫刘齐飞的铁哥们,拿出工作多年积攒下来的积蓄,成立了一家图书策划公司,自己当起了公司的大老板。考虑到好友戴风发现在的工作并不尽如人意,每个月挣不了什么钱,刘齐飞决定拉他一把,聘请他担任公司的首席编辑。

　　其实,对于公司的首席编辑一职,刘齐飞原本是想自己兼任的,可他毕竟是戴风发的至交好友,怎么能忍心看着自己的好友事业潦倒无所作为呢?这次让戴风发担任公司的首席编辑,刘齐飞可真是下足了血本，在薪资待遇方面，他给戴风发开出的工资竟然高达五位数。

出乎刘齐飞意料的是，戴风发并没有"滴水之恩，当涌泉相报"。在工作中，他经常以老板哥们自居，办起事来吊儿郎当，一点也不靠谱。刚进公司那会，当着十几个同事的面，他就把公司老板刘齐飞的经营理念和管理模式批判得一无是处。

不仅如此，他还漠视公司一些看似细小的规章制度，比如上班不能迟到、工作期间不能玩游戏等。工作那么久以来，戴风发几乎没有一次准点到过公司，迟到、早退对他来就是家常便饭。刚开始，看在朋友的情面上，刘齐飞还好心好意地规劝了他好几次，可惜他还是我行我素，一次又一次地违反公司的规章制度。

最后，刘齐飞实在是忍无可忍，他不愿意花高薪养一个"光吃饭不干活还捣乱"的寄生虫，于是义正辞严地对戴风发说道："老戴，看来我这座小庙是容不下你这尊大佛了。你生性不拘小节，并不适合在条条框框的企业环境中工作，我也不想影响你的事业发展。既然这样，你还是选择一家更为开明和广阔的公司作为自己的栖身之所吧！"

话说到这个份上，戴风发也明白自己的"胡作非为"终究是惹恼了这位老朋友了。在职场打拼，工作和友情始终不能混为一谈。就算刘齐飞是自己的发小，可工作毕竟是工作，身为一家公司的最高决策人，刘齐飞必须要为公司的正常运转未雨绸缪。如

201

果一名员工不能自觉遵守公司的规章制度，那就说明他无法认同公司的管理模式，这也就代表他在公司找不到应有的归属感。试问，这样的员工又怎会视自己所在的公司为效忠的对象呢？

按照这个逻辑思考问题的话，尽管戴风发是公司老板刘齐飞的至交好友，他最终还是难逃被炒鱿鱼的悲惨命运。由此可见，不管我们是身经百战的职场老将，还是初出茅庐的职场菜鸟，只要我们选择成为一家公司的员工，就必须遵守公司的规章制度。哪怕有一些规章制度小如毛发，我们也不要以身试法，纵容自己越过那条警戒线。

在这里不得不提的是，现在有一些刚毕业不久的大学生，在面对自己的第一份工作时，对公司一些细小的规章制度并没有引起足够的重视。他们经常在违反公司的规章制度后，频繁地以"对不起，我不是故意的"，"我并不知道公司不允许这样做"为由替自己推卸责任。公司领导念在他们是初犯，也许会原谅他们一次，可若以"不知"为凭仗，他们终究还是会给领导和同事心里留下一个不好的印象。

细小的规章制度本就容易让人小看和忽视，如果他们一而再，再而三地违反，迟早会积重难返，说不定哪天就撞到了枪口上，被公司炒了鱿鱼。打个比方，上班迟到是职场常见之事，许多职场新人因为还停留在大学上课迟到却不受惩罚的美好回忆中，以为平时上班迟到并不是什么要命的大事。殊不知，三番五次下来，公司领导会将屡次迟到的原因归结于你"没有时间观念，不尊重工作"。一旦这顶大帽子扣在头上，任我们工作能力再优秀，最后的结局恐怕也只能是镜花水月一场空。

因此，初涉职场的新人，既要关注自己所在公司的工资福利和可用资源，比如奖金发放、医疗保险、加班补贴以及休假安排等，也应该深入了解公司的规章制度，尤其是一些细小的规章制度。毕竟摸着石头过河总会有失手的时候，弄清楚石头的大小和位置，我们才能事半功倍，早日平安地到达目的地。

离开了大学这座象牙塔，我们再也不能啃着父母的老本过生活，而是应该自力更生，靠自己的辛勤工作养活自己，承担起家庭的责任。可以毫不夸张地说，进入职场之后，公司老板就是我们的衣食父母，作为支付薪水的一方，他们有权要求我们遵守公司的各项规章制度，以便维持公司的正常运行。

我们要做的就是改变大学时代遗留下来的散漫作风，从一开始就养成遵守纪律、严谨有序的职业习惯，万万不可因小失大，败在不懂规矩上。好的职业习惯就像一座灯塔，它能帮助我们在未来的职业生涯中行走在正确的航道上。一开始，我们或许会有被束缚的窒息感，但当我们适应了这种纪律严明的工作生活，我们就会因此受益良多，创造出卓越的工作业绩，从而受到公司领导的厚爱。

不要把所有鸡蛋放在一个篮子里

前两天，在国企工作的大学同学杨淳佳邀请我们一大群人去她家做客。一向有"懒猫"称呼的她，这次竟然亲自为我们下厨，真是让人大跌眼镜。

"淳佳，你老公怎么肯让你下厨做饭呢？你以前可从来没对我们这么'贤惠'过啊，是不是买彩票中大奖了啊？"我当着一大帮大学同学的面，语气轻快地调侃她。

杨淳佳笑了笑，并没有把我的打趣放在心上，说道："我要是中了五百万，早就请你们这帮老同学去五星级大酒店胡吃海喝一顿了，用得着自个儿在这破厨房里忙进忙出吗？"

尽管她否认了我的猜测，但我还是坚信她一定遇着了什么喜事，不然不会摇身一变成了一个勤快的"田螺姑娘"，想着为我们做这么一桌子的美味佳肴。果然，晚饭过后，还没等我们"严刑逼供"，杨淳佳就"坦白从宽"了。

原来，几天前她就从工作了好多年的国企辞职了。杨淳佳爆出这个消息之后，我们都感到非常的惊讶。她那家公司可不是一般的单位，福利待遇那么好，许多人拼死拼活都想挤进去，她怎么就舍得丢掉这个铁饭碗呢？

　　杨淳佳对我们说，她虽然已经在国企干了很多年，现在的事业也有了一定的基础，赚的钱也不是不够养家糊口，但是她觉得这种看似稳定又清闲的工作让她渐渐丧失了对生活的激情，事业上也始终没有得到她想要的突破。既然这样，她还不如辞职，早日脱离苦海。

　　当她说完这些话后，别的同学还是有点替她感到可惜，毕竟国企非常看重一个人的工龄，她这么轻易地放弃，日后要是想在别的行业另谋一职估计又得从头开始了。

　　似乎已经料到大家对她的担忧，杨淳佳得意洋洋地说："我又不是傻子，在辞职之前，我早就开始留心外界的工作机会。闲暇时候，我总是在关注网上的招聘信息，如果有觉得比较合适的工作机会，我就联系招聘单位，了解岗位的详细信息。除此之外，我还经常向身边的朋友打听，再三叮嘱他们一有什么好的职位，就赶紧跟我联系。"

　　听了杨淳佳的一席话，我们恍然大悟，原来她早就在计划给自己找出路了，难怪辞职了心情还这么好，想着给我们做顿好吃的。如此看来，我们根本就是瞎操心，她现在一定已经找到了一份让她满意的好工作。

　　"赶紧跟大伙儿说说，你现在跳槽高就到哪儿去了？"面对大伙儿的急切追问，杨淳佳终于为我们揭开了她下一份工作的神秘面纱："我朋友最近开了一家新公司，他为我提供了优渥的薪水，希望我能过去和他一起打拼江山。这份工作虽然不如国企轻松，但很有挑战性，我现在真是跃跃欲试，渴望干出一番让自己都觉得骄傲的事业。"

其实，杨淳佳的话让我备受启发，在职场浮沉数载，我也见过不少像她这样的职场人士，在日复一日的工作中变得麻木消沉。职场倦怠症带给人的冲击实在是太大，事业不断遭遇瓶颈，得不到实质性的突破，年轻时的工作热情也随着时间的流逝一去不复返。职场上的后起之秀又频频来袭，公司领导都把这群学历更高、工作又积极的年轻人当作重点培养对象，屡屡为他们提供优越的发展平台。

身在如此窘境中的职场打工仔，大部分都不敢跳出固有的职场圈，因为从头开始并不是一件特别容易的事儿。但是大学同学杨淳佳的经历告诉我们，只要不放弃，坚持随时留意外界的工作机会，我们就有可能摆脱当下这份令人苦闷的工作。

有这么一句谚语："不要把所有的鸡蛋放在一个篮子里。"这句话经常用于经济学中，从字面意思看，是说如果把所有的鸡蛋都放在一个篮子里，一旦篮子打翻了，篮子里头的鸡蛋也会全部砸碎；如果不把所有的鸡蛋放在一个篮子里，而是分开散放到许多篮子里，那么一个篮子打翻了，其他篮子里的鸡蛋还能保存下来。

这句话说明投资需要分解风险，如此才能避免孤注一掷后造成的巨大损失。其实，职场打拼亦是如此，朋友杨淳佳正是深谙这个道理，才在自己面临职业发展瓶颈之际，不断地去留意外界的工作机会，一旦遇到合适的工作，她就能迅速地从当下的破篮子中跳出来，不跟着打碎的鸡蛋一起腐烂，而是有机会再次创造自己的工作价值。

毕竟长痛不如短痛，如果当下的工作没有办法为我们注入新鲜的、充满活力的血液，我们就应该学习杨淳佳的做法，留意和搜寻不远处的机会，做一个时刻准备着的智者。我们要明白一点，机会不会无缘无故地从天而降，只有主动出击，细心留意，我们才能最先抓住机会。

或许很多人已经在干渴的职场上跋涉多年，也请大家不要轻易放弃寻找沙漠绿洲的信念。让自己从麻木的状态中走出来吧，果断地将内心的懒散抛诸脑后，不断去留意外界的机会。一旦有合适自己的工作，我们就要勇敢地抓住，然后尽情地品尝绿洲里的甘泉。

因此，奉劝所有在现有岗位上挣扎痛苦的职场人士，尤其是那些刚入职场不久的菜鸟们，第一份工作的重要性是不言而喻的，但倘若我们不能在第一份工作中寻找到归属感，那么就不要把所有的晋升希望全部寄托在这份工作上。抓紧时间留意外界的宝贵机会，我们才能尽快结束眼下的鸡肋工作，朝内心向往已久的、真真正正的第一份工作大步迈去。

别把"关系"当"万金油"

俗话说："多个朋友多条路。"在这个世界上，没有一个人能成为一座孤岛，不与外界打交道。既然孤身一人难以在竞争激烈的社会中生存下去，那么我们每一个人都需要朋友，而朋友的潜台词其实就是"关系"。有关系的人，通常就意味着他拥有丰富的人脉资源。

看过美国电影《教父》的朋友，大概都非常喜欢奥斯卡金像奖影帝马龙·白兰度饰演的老教父。在老教父的眼里，如果你当我是你的朋友，并且尊敬地叫我一声"God Father"，那么我就会很自然地替你排忧解难，让你免受来自生活中方方面面的困扰。

马龙·白兰度饰演的老教父，总是一副慈眉善目的模样，众人在顶礼膜拜中，纷纷感受到来自他身上的巨大亲和力和强大的权威感。相信很多人在看完这部电影之后，都希望自己这辈子也能拥有这么一个手握权势且平易近人的好朋友，毕竟生活处处充满着坎坷和不顺，有力的人脉关系就像一瓶万金油，它能为我们提供一个安全的避风港湾，给予我们一些庇佑。

朋友的儿子今年大学毕业，还没有正式走上工作岗位的他，已经感觉到了生存的巨大压力。最近，他总是担忧自己找不到一份好工作，于是央求着我的另一位朋友到处替他找关系，看有没有熟人能为他介绍一份工作轻松、待遇优厚的好工作。

小伙子的要求还挺高，另一位朋友为他谋求的好几份工作都被他否决了，不是嫌这个薪水不够高，就是嫌那个工作太累。朋友一下子也没了法子，只好天天找我诉苦："这个臭小子，肚子里就那几两墨水，还敢嫌东嫌西，我真是拿他没办法！"

我笑着说道："现在的年轻人基本都是拈轻怕重，还没毕业的总想着找关系替自己寻一个好工作，已经毕业踏入职场的又妄想着关系是一个筐，什么都可以往里装。最近我们公司就来了一个刚毕业不久的大学生，工作不好好做，光顾着和公司的同事领导打交道，结果关系是打好了，可工作却出了纰漏，公司领导还不是照骂不误！"

朋友的诉苦突然让我想起了公司的一位新同事。这个年轻的男孩名叫钱锦连，个性非常活泼，第一天进公司就把办公室里的老前辈们叫了个遍，端茶递水带盒饭这种跑腿活，他不仅随叫随到，还经常自告奋勇为大家效劳。

一个月下来，办公室的同事和公司的领导都对他印象深刻，平时有什么好吃的好喝的好玩的，都会给他捎上一份。其中要属上司马哲和他最要好了，两个人一来是老乡，二来又是大学校友，关系自然非同一般。钱锦连初来乍到，对于工作还有许多不熟悉的地方，马哲经常抽出时间给予他有效的指导，这也让他十分感激。

久而久之，钱锦连就产生了一种错觉，他觉得现在公司的同事和领导都是他的好朋友了，以后自己要是在工作和生活中遇到了什么困难，虽说不上为他上刀山下火海，这帮朋友也一定愿意替他分忧解劳。

直到有一天，在一次员工会议上，老板突然宣布公司现在有一个出国学习的机会，为期三个月，但是名额只有一个。还没等老板把话说完，会议室的同事们就开始窃窃私语，渴望自己就是那个出国学习的人选。

和其他同事一样，钱锦连也很想拿到这个出国学习的名额，毕竟这是一次千载难逢可以全面提升自己的机会。他暗暗地忖度了一下自己在公司的好人缘，自信心突然像气球一样越吹越大，心想老板一定会将这个宝贵的名额给他。

让他感到失落的是，老板并没有特别青睐他，而是扫了一眼在座的职员，微笑着说道："既然出国的名额只有一个，那有意愿出国学习的人散会之后就去马主任那里报个名。一个月的考核期，由马主任全权负责，谁的工作能力最为出色，谁就去美国学习！"

此话一出，原本垂头丧气的钱锦连又在心里暗自窃喜，既然这次考核是马主任负责，凭他和马主任的关系，最后这个名额还不是落在自个儿的碗里？想到这，钱锦连整颗心就像浸在蜜罐里一样，除了甜蜜蜜，还是甜蜜蜜。

散会之后，十几位同事都跑到马哲那里去报名，钱锦连也不例外，他还特地买了一条香烟送给马哲："马哥，这次您可要多多帮我忙啊！我是英语专业毕业的高材生，去国外学习，语言沟通绝对不是问题的！"

可马哲却说："小钱，你还是把烟收回去啊，这影响太不好了。领导发话了，谁的工作能力为出色就派谁去，你还是踏踏实实把自己的分内工作做好吧！"

天真的钱锦连还以为马哲是在跟他开玩笑，回到自己的办公桌前，他并没有像其他报名的同事那样埋首于工作，而是打开了电脑，开始在网上冲浪。这下可好，等马哲找他要昨天交代他写的策划方案时，他就把草草完成的劣质方案呈了上去。

"你这写的是什么鬼东西啊？这跟小学生写的作文有什么区别啊？提不出建设性的方案也就算了，竟然连错别字都这么多，你太让我失望了！"大致看了一眼钱锦连撰写的策划方案，马哲顿时火冒三丈，他不相信自己手把手教出来的属下竟然是这种工作态度。

钱锦连也吓了一大跳，虽然他知道自个儿撰写的方案确实没有任何出彩的地方，可马哲是他的好哥们儿啊，怎么会因为这点工作上的小事对他破口大骂呢？越想越不甘心，他语气生硬地回道："马哥，不就是一个策划方案吗？凭咱俩的交情，您就睁一

211

只眼闭一只眼呗！"

看着钱锦连一副老油条的样子，马哲更加气不打一处来，他狠狠地拍了一下桌子，冲着钱锦连吼道："你给我严肃点，工作归工作，你以为关系是万金油啊，不要给你点颜色，你就开起染房。我告诉你，虽然你是我的老乡和学弟，但是如果你的工作态度和工作能力都这么烂的话，不要说出国学习了，你的工作饭碗都会保不住！"

这一番话可把钱锦连给唬住了，他突然意识到关系并不是万能的，即便他和公司的领导同事关系处得再好，也不能指望着这些人时刻替他谋私利、擦屁股。如果他再这么肆无忌惮地透支这张人情信用卡，迟早有一天会被这些"朋友们"扫地出门！

在这个世界上，没有无缘无故的爱和给予，尤其在竞争残酷的职场，每一个人都有自己的立场、原则和需求。大家都在为各自的美好生活奋斗打拼，并没有太多的精力和时间去顾及旁人，为他人谋取与自己没有半毛钱关系的幸福和快乐。

钱锦连意识到关系的重要性，这一点无可厚非，但把关系当作万金油就有点不靠谱了。我们和公司里的某位掌权者关系好，并不代表我们能和他们为彼此谋求私利。大家都有自己的位置、角色和职责，我们的言行举止如果和他们的职责有冲突，就很容易吃不了兜着走。

因此，年轻人初入职场，一定要谨记一点，对待关系，善用总要好过滥用。若是平时工作上出了什么问题，需要向他人请教和寻求帮忙，我们首先要端正自己的态度，不要显出一副"咱俩关系好，你一定要帮忙"的强硬模样，而是要辞恳意切，用真诚和友善来打动别人。他们若是愿意伸出援手，我们自然报之以感激之情；若是不愿意，也不能认为人家不够仗义。

祸从口出，说话不要无所顾忌

职场如战场，人的嘴巴往往就是最具杀伤力的利器，说对话能自保，说错话却只能是"搬起石头砸自己的脚"。

张清乐是我在某学校做培训时认识的一个学生，在培训结束后，我们也一直保持着联系，一直到他大学毕业走上工作岗位，我仍然经常接到他的电话。

最近，他又打电话找我诉苦，说他刚进公司才两个多月，连三个月试用期都还没过完，老板就把他给开除了。

我听了之后觉得很纳闷，这小子平时挺机灵的，一张嘴简直能把死的说成活的，按理说他应该挺招老板喜欢的呀，怎么这才不到三个月的工夫，公司老板就把他给开除了呢？

张清乐委屈地说道："前几天，公司没有按时发工资，我兜里都没几毛钱了，几乎是快断炊了。当时我看公司都拖了好几天没发工资了，心里就有点小郁闷，所以在跟同事们，还有我以前的同学聊天的时候，就那么顺嘴抱怨了几句。"

没等他说完，我立马就猜到后面究竟是怎么一回事了。看情况，八成又是一个口无遮拦惹祸上身的"现世报"的例子。

于是，我没好气地回道："后来你们公司给大家发工资了吗？"

张清乐"嗯"了一声，不好意思地回道："四天后就发了，因为发工资的那天，会计王师傅老家的爸妈出了点事，于是，他向老板请了几天假回去了一趟，所以才推迟了四天发工资。"

我在电话中语带嗔责地说了他几句："你呀，总是图一时之快，口无遮拦，说话无所顾忌，不就是推迟了几天发工资嘛，干吗那么性急地到处去抱怨呢？"

他似乎还不满我的责怪，嘟嘟囔囔地小声争辩道："我当时不也是很郁闷嘛，兜里没几个钱了，连吃饭都快成问题了，不就是无伤大雅地抱怨了几句啊！"

看到他还不知悔改，我有些恨铁不成钢："抱怨也要找对对象啊！你跟同事抱怨，人心隔肚皮，有的人私底下一个'大嘴巴'就跟老板打小报告，你说的那点坏话老板不都知道了吗？你抱怨他不发工资，搞得他脸面无光，他能不开除你吗？"

电话那头的他渐渐地不出声了，我又耐着性子和他聊了好长时间，总算把他的那点委屈给安抚了下去，并让他知道自己哪里做得不好，以后工作一定要好好注意。

说实话，我要是张清乐的老板，我也一定会开除他。原因很简单，一个人在还没弄清楚公司延发工资是怎么一回事的情况下，就对公司的同事抱怨，"前天就应该发工资，可今天怎么还没有动静啊？""我怀疑我们公司是不是快要倒闭了？""当老板的为什么都那么小气呢？怎么老是喜欢拖欠员工这点微薄的工资！""公司的财务状况肯定是不景气！"等等，这样的员工对于整个公司的工作氛围而言，简直是那粒坏了一锅粥的老鼠屎，不开除他，难不成还等着他继续抱怨，口出妄言扰乱军心吗？

常言道："多门之室生风，多言之人生祸。"张清乐就是"言多必失"的最好例证。我相信生活中有不少职场菜鸟曾有过像张清乐那样的狗血经历，遇到烦心事的时候，总是喜欢找人倾诉和抱怨，结果却没想到对方是一个名副其实的"耳报神"，转眼间就把秘密透露给了大老板，自己好端端地却引火自焚。

因此，我们说话之前一定要三思而后行，千万不要图一时之快，在他人背后说坏话。也不要天真地认为每个人都可以理解自己，会帮自己守口如瓶。而且，说出去的话就像泼出去的水，一旦传到相关人的耳朵里，影响也会十分糟糕。

曾经在网上看到过这么一句很经典的话："面对太阳，你什么心事都可以对它说；而面对风，你最好守口如瓶，否则它会在转瞬之间将你不为人知的秘密吹遍全世界。"而张清乐刚好就对

215

"风"诉说了他的秘密,结果这个秘密被他的老板得知了,老板一怒之下,以"我们公司不喜欢不热爱公司、诋毁公司的员工"为由,果断地把他开除了。

由此可见,慎言对于我们每一个人来说有多么重要。管好自己的嘴巴,不仅不会傻乎乎地将自己出卖,还能在别人的心目中留下一个沉稳谨慎的良好形象,从而赢得对方的信任和青睐。说到这,职场经验为零的年轻人可要注意了,既然说话无所顾忌时容易祸从口出,那么我们又该怎么做才能避免惹祸上身呢?

1. 看不惯也不要说出来

不管我们对公司的领导和同事有任何看不惯的地方,都不能像个大喇叭一样,对众人宣告我们的不满和抱怨,更不能在他人背后闲话是非和长短。

没有人会喜欢一个长舌妇,尽量与人为善才是职场生存的王道。法国启蒙思想家伏尔泰曾说:"我不同意你的观点,但我誓死捍卫你说话的权利。"这句话非常富有哲理。如果外界环境达不到我们内心的要求,我们不需要唉声叹气,更不必对他人指手画脚,品头论足。我们要做的应该是将这些不满和看不惯深深地放在心底,然后再以实际行动来践行自己所坚持的想法,完全不必向他人射出恶语的利刀,既伤人自尊又给自己添麻烦。

2. 别在他人面前炫耀自己

常言道,好汉不提当年勇。其实不是不能提当年的光辉事迹，而是不要在别人面前炫耀自己多有能耐，因为人与人之间的攀比总是无处不在，有攀比，自然也就少不了嫉妒。

哪怕我们的专业技术非常过硬，哪怕我们是老板眼中的大红人，我们也不能把这些当作炫耀的资本，毕竟嫉妒就像一把尖锐的刀子，招摇过市于己无益不说，还会徒增安全风险。

木秀于林，风必摧之；行高于人，众必非之。不管我们拥有多么非凡的工作能力，也要学会低调做人。为人处事谦虚一点，别人才不会把我们视为眼中钉、肉中刺。

3. 不要和别人讨论私密事

办公室从来就是闲话的滋生地，工作闲暇之余，大伙儿都喜欢找一些话题来放松一下。有些人特别喜欢闲聊，性子又特别直，丁是乎，总在不经意间将自己或是他人的私密事说出去。虽然和他人分享自己的秘密能拉近彼此的距离，增进双方的感情，可难保事后不会有人把这些秘密给说出去。

一旦这些话传到当事人的耳朵里，我们说不定就祸从口出，得罪了别人还不自知呢。如果是因此影响了自己的职场前途或是人际关系，未免有点得不偿失。因此，聊天最好还是围绕新闻、书籍、影视剧等话题，避开个人问题，更不能去泄漏他人的隐私。

总之，良言一句三冬暖，恶语伤人六月寒。职场上，嘴巴惹祸的例子不胜枚举。说话做到有所顾忌，我们的职场之路才不会平地起波澜，我们的人际关系才能结出一颗善果。

第八章

一边 "全心全意" ，
一边 "提高警惕"

职场是没有硝烟的战场，不懂得"斗争"技巧，倒下来的可能就是我们自己。别只顾着自己的满腔热血，"睁大眼睛"看清楚也很重要，也别总是指望别人给我们提醒和帮助。要知道，在工作这场"战争"当中，自己才是最可靠的"盟友"。

初涉职场常见的心理疾患

从校园到社会，这无疑是人生当中最重要的转折之一。在这个阶段，应届毕业生们不但在求职上会遭遇问题，其心理上也经常会出现一些状况。毕竟，在这一过程中，面对新的环境、新的角色，以及单位激烈的竞争、复杂的人际关系等，许多刚刚走向工作岗位的年轻人难以适应，因而出现一些不良心理。沈阳市心理研究所咨询部主任叶蕾表示，不良心理不仅压抑了职场新人的潜能，还影响了他们的身心健康。因此，克服不良心理对职场新人尤为重要。

其实这种问题会经常出现在人生的转型阶段，说的直接一点，这是角色转换过程导致的心理缺位，也就是当一个人从一种身份转换到另一种身份时心理产生的不适应感。

晓晓是2013届的毕业生，老家在湖南，大学读的是广告传媒专业。出于对媒体行业的热衷,毕业之后,她毅然选择到广州这样一个媒体业较为发达的城市工作。最后,她通过自己的努力,在一家报社当上了记者。

但晓晓在踏入职场之后却表现出了极大的不适应,习惯了学生时代悠闲自在生活的她,没有经过过渡,突然就在大都市从事快节奏、高压力的传媒工作,觉得很难适应,感觉每天都在透支着自己的精力。

记者这一行本身就存在着很大的竞争和压力。初到广州的时候,晓晓人生地不熟,出去采访时连地点都找不到。更要命的是,晓晓不懂当地的语言,有时候采访一些上了年纪的当地人,听到他们满嘴的广东腔调时,晓晓就崩溃了:连话都听不懂,还怎么写稿子?

后来她想到了一个办法,在采访的时候,她只提问题,对方回答的话她就拿录音笔记录下来,回去之后,她就拿给报社的同事请他们帮忙翻译,但是这种方式让晓晓的工作效率大打折扣。

她在QQ状态中写道:"感觉大脑永远处于工作状态,不管是上班还是下班,脑袋都在想着稿子问题。每天下班后,脑袋都是晕晕胀胀的,很难受。这和我想象中的工作状态差别好大,好想回到学生时代。"

晓晓说,自己原本是一个非常乐观的女孩子,喜欢看电影、听歌、旅游,但是,自从到了广州之后,她的这些爱好基本上都荒废了。尽管也有一些新认识的朋友约她一起出去放松，但晓晓却始终没有出去一次。她说自己已经没有了那种心情，脑子里只有工作，也没有体力去玩。每天下班的时候都感觉自己像被抽空了，只想一个人在家里睡上几觉，然后再去迎接下一周的工作。

她也知道自己的心理可能出现了问题，为此她还咨询了一些心理医生，但总觉得没有太大的效果。

其实，毕业之后走上工作岗位的大学生中有相当一部分的人都曾经出现过晓晓这样的心理问题，症状轻的可能只是影响工作和生活，严重的甚至会走上自杀的道路。

一般来说，应届毕业生在工作一段时间之后一般会遇上以下几种常见的心理疾病。

第一，自卑心理。

职场新手们很容易产生自卑感，这是因为他们走上工作岗位之后发现自己在很多方面不如那些已经工作很多年的老员工。在这种情况下，他们只看到自己的短处，看不到自己的长处，缺乏应该有的自信心，做起事情来也是畏首畏尾。

有自卑感的人，在与人交往时缺乏胆识，习惯附和别人，一般不敢提出自己的意见，所以很难全面地展现自己，给别人留下一个良好的印象。如果这种心态长时间得不到改变的话，那么很有可能将一个人的胆识和魄力全部磨掉。这样一来，自己的长处和优势也就被无声地埋没了。更有甚者，当职场新人遭受到冷眼和歧视之后，他们会对自己和自己所从事的行业产生一种误解。有的人在与其他同学的对比中觉得自己不如别人，这样一来，便不由自主地背上了一层心理负担。

第二，焦虑心理。

有人把大学比作是象牙塔，这本来是突出大学的不一般。但是现在的象牙塔则更像是一处温床，作息自由，课程宽松，这种学习和生活方式催生出了一批"懒虫"。

但工作不比上大学，每天要按时按点地上班，要按时完成公司交代的任务，与他人的关系也不再像大学时那般简单，这会导致很多职场新人出现高度的紧张焦虑，使得一些职场新人精力不能集中，甚至常常失眠和头痛。

一些独立生活能力不强的职场新人，在新的环境下不善于安排自己的工作和生活，再加上工作繁重，只要一忙起来，他们就会陷入一种无序状态。上级交代的任务没有完成到位，他们会焦虑；上司的一句批评，会让他们彻夜难眠；哪怕是同事的一句玩笑，都可能会让他们思前想后，拼命想弄清楚对方有没有什么别的意思。毫无疑问，这种状态持续下去会让一个人逐渐崩溃。

第三，浮躁心理。

年轻人似乎都喜好攀比，在学校的时候跟同学比衣服、比成绩，踏入社会之后则可能是比工作，比谁挣得多。看到与自己年纪差不多的同事加薪升职，或者是身边不少人靠着什么门道挣了大钱，买了新房，买了豪车，心里便不平衡起来。这种不平衡就是心态失衡，这种失衡的心态肯定会影响工作，严重的甚至会导致盲目跳槽。但跳槽简单，跳到更好的单位就又难了。一个人的能力毕竟是有限的，当机会还没有来临的时候就选择盲目跳槽，这无异于给自己的前途设置了一层障碍。

也有一些人，受这种浮躁心理的影响，开始应付起自己的工作来，心里想着凭什么别人干的和我差不多，挣的钱却比我多好几倍。只要现实不能如意，他们就又会陷入无尽的烦恼当中。长期生活在这种环境之下，情绪紊乱也是迟早的事。

第四，抑郁心理。

在走上工作岗位之前，应届毕业生都早已经习惯了校园集体生活，而工作之后一般是大家独立生活在一个个人空间，生活相比之前显得有些单调和枯燥。朝夕相处的同学不在身边，父母也没有办法再给庇护，这很容易让职场新人感到孤独。

以上便是刚刚走上工作岗位的大学生们常见的一些心理疾患。那么，职场新人们又该如何进行心理上的自我调节呢？

首先，摆正自己的心态。让自己明白，自己已经是一个工作的社会人，不再是学生，要开始学会承担一些责任，不再任性、不再偷懒，克服自己在大学时期养成的一些坏毛病。

其次，给自己制定一个职业规划。人在没有目标的时候往往会陷入无序和躁狂的状态，所以要根治这种毛病，就必须给自己制定一个职业规划。这个职业规划要切合自己的实际，不能太泛，也不能太小，尽量让这个规划成为自己人生的指明灯。

最后，学会给自己的情绪留一个出口。很多人正是因为情绪得不到发泄才会出现种种心理问题，所以职场新人们最好是能够给自己找一个情绪的发泄口。在自己感到抑郁、紧张、浮躁的时候看一场电影、听听音乐，在心里有苦难说的时候，不妨跟自己的父母或者是比较要好的朋友倾诉。实在没办法了，也可以去找一些心理咨询师，他们或许能够帮上忙。

"冷板凳" 更要好好坐

喜欢看NBA的球迷最不愿意见到的一幕应该是自己心爱的球员被罚坐冷板凳吧！坐冷板凳通常意味着球员没有机会上场打球，喜欢他的球迷也就没有办法欣赏他在球场上激烈厮杀的精彩画面，这在球迷的心中不失为一大憾事。

其实，坐冷板凳并不是球员的专利。每一位在职场行走的人，不管你是初涉职场的应届毕业生，还是能力超强的职场达人，在职业生涯中都可能遭遇过这样的窘境——坐冷板凳。

俗话说，人生不如意之事十有八九，我们的工作和生活自然也不可能永远一帆风顺，很多刚踏上工作岗位的年轻人常常向我抱怨:"为什么我努力工作,公司领导却还是不待见我呢?""公司老板冷落我,天天让我坐冷板凳,我该不该坚持下去?""被罚坐冷板凳的时候,我该怎么做才能把冷板凳坐热呢?"……

每次听到诸如此类的问题时,我都会建议他们先反思一下自己为何会处于这样尴尬的现状,因为只有找对了原因,我们才能对症下药,努力寻求解决之道,最后远离坐冷板凳的命运。

韩梦溪研究生毕业后,在亲友的介绍下,如己所愿地进了一家广告公司担任平面设计师,满腹才华的她在工作上时常有出色的表现,部门经理林季鸽因此十分器重她。

227

一年过后,林季鸽被调往北京总部。对于这次的人事调动,韩梦溪感到有点郁闷,她原本以为自己这匹千里马终于遇到了能赏识她才华的伯乐,没想到伯乐竟然这么快就要离她而去。

不知道接下来会由谁来接任部门经理这一职位?韩梦溪的心里突然滋生了一股不好的预感,她暗自祈祷,下一位上司不要是一个难缠的主儿,否则她的职业生涯从此将痛苦不堪。

墨菲定律告诉我们,如果你担心某种情况发生,那么它就更有可能发生。总部直接空降了一位年轻的小伙子来接替林季鸽的职位,韩梦溪留心一看,这位新上司的年龄竟然比她还小半岁,言行举止全无林季鸽的稳重和亲切,行事作风上颇有些雷厉风行的味道。

自古以来,新官上任总是三把火,新来的部门经理陶刚禹也不例外。他上任的第一件事就是更换办公室，但韩梦溪觉得早先的办公室分配本来就非常科学，男女搭配，年龄搭配，专业也搭配，而陶刚禹一来却把韩梦溪和四个成天在外面拉广告的女孩子分在一个办公室。

这让她有些叫苦不迭，对于韩梦溪这种从事平面设计工作的人来说，创意一般来自大伙儿的头脑风暴。可如今办公室里只有她这么一个形单影只的"角儿"，想要集思广益获取灵感根本就是空谷喊话，毫无回应，这让她感觉很不舒服。

于是，韩梦溪去找陶刚禹申请调换办公室，没想到却遭到了他的拒绝，他不以为然地说道："你可是公司里拔尖的人才，我相信你能独当一面，根本用不着别人帮忙。"

陶刚禹这一番看似合情合理的话顿时让她哑口无言，她如果还是执意要换办公室，不是自个儿拆自个儿的台吗？人家都已变着法儿称赞自己能力突出了，她总不能灭自己威风吧？

就这样，韩梦溪心里憋着一口气忍了下来，离开他办公室的时候，她连招呼都没打一声就径直走了出来，这一失礼的举动让陶刚禹的脸色有些难看。

没过多久，陶刚禹就指派一个新来的设计师和韩梦溪一起负责原本只属于她的项目。韩梦溪对他的强硬安排感到非常不满，她不明白陶刚禹为什么不事先跟她商量一下，这未免也太不尊重她了。可抗议终归只是抗议，上司一旦发话，下属就只有领命的份儿。

几个月的辛苦工作后，韩梦溪终于迎来了公司的庆功晚会，可让她气愤不已的是，这个项目明明是她付出的心血最多，陶刚禹却说新来的设计师才是最大的功臣，直接无视她的辛苦付出，连带其他的同事也误以为自己是一个光领工资不干活的"白吃"。

晚会结束之后，心灰意冷的韩梦溪休了半个月假，期间陶刚禹不曾问过她何时会上班，更别说给她安排新的工作任务了。韩梦溪这才意识到自己正被罚坐冷板凳，在陶刚禹的心里，她或许只是一个可有可无的透明人，以后恐怕只有一些琐碎的杂活干了。

从这个故事中我们可以看出，韩梦溪之所以被上司罚坐冷板凳，原因在于她没有正确处理好上下级关系。虽然身为上司的陶刚禹是一个比她还小半岁的年轻人，但这并不意味着他的工作能力就会比她差。若是没有过硬的专业技能或是其他的一技之长，他年纪轻轻又怎会身居高位呢？

对待年轻的上司，韩梦溪不妨改变下态度，在交流的过程中将尊重放在首位，辅以客观、友好以及谦逊的姿态，如此既能表达自己的意见，又能给足上司的面子，何乐而不为呢？

此外，我们还应该学会主动秀自己。不要觉得表现自己是一件难为情的事情，一定要主动找上司沟通，摆出我们的特长和优势，在遇到自己擅长的项目时，务必主动请缨。如果总是担心自己毛遂自荐太过锋芒毕露，那么我们可能永远也不会引起上司的注意。

需要注意的一点是，当我们秀出自己的时候，也要讲究方式和方法。时机把握恰当，态度诚恳恭敬，他就会感受到我们的真诚，继而发现我们在哪些领域有丰富的经验和过硬的技能，在哪些方面取得过出色的业绩，事后他才会交给我们更为重要的工作任务。

另外，提高各方面技能也是我们避免坐冷板凳的对策之一。在不被重用的时候，很多人或许会顾影自怜，怨天尤人，其实这正是我们收集各种信息的最佳时机，因为我们有大把的时间可以去学习新的知识和技能，包括专业上的技能、社交技能等，只有这样我们才能始终保持竞争力，在关键时刻一鸣惊人，最终脱颖而出，成为职场上一道最为靓丽的风景。

马云曾说，人的胸怀是被委屈撑大的。刚步入职场的新人对这句话应该最有感触。不管怎么样，被罚坐冷板凳的原因总是多种多样，我们要做的不是在冷板凳上唉声叹气，而是积极主动地找出症结所在，调整好自己的心态，把冷板凳好好地坐下去，直到把冷板凳坐热，最后走出恼人的冰冻期，一飞冲天，成为职场大红人。

跳槽不是解决问题的唯一方法

在莎士比亚的著作《哈姆雷特》中，有一句经典名言至今仍让人们津津乐道，那就是"To be or not to be—that is the question"，这句话的中文翻译是：生存还是毁灭，这是一个值得考虑的问题。

费田帆最近就面临着一个哈姆雷特式的困惑，即"跳，抑或不跳"。踏入工作岗位不到一年的他，因为不喜欢公司复杂的人际关系，所以一直就有着"跳槽"的想法，可是他又担心自己跳槽之后再也找不到一家能给他开出同等薪水的公司。

就这样，他始终将自己置身在"跳槽"与"卧槽"的两难抉择中，暗自进行一场艰难的拔河比赛，至今没有分出一个胜负。

人在职场，"跳槽"还是"卧槽"，从来就是一个绕不开的话题。有调查显示，白领阶层几乎人人都有至少一次的跳槽经历，多的甚至高达十余次。

在现实生活中，人们选择跳槽的理由通常都没有太大的差别，有的像费田帆一样，因为不喜欢公司勾心斗角的人际关系，还有的是对现有的工作环境和薪资待遇不满意。

既然如此，为了改变让人窒息的工作现状，我们是不是应该

231

选择跳槽呢？从事工作多年，我看过太多因为盲目跳槽，最后导致自己职业生涯惨不忍睹的例子。为此，我的建议是，跳槽有风险，执行须谨慎，因为跳槽并不是解决问题的唯一方法。

记得有一次，一个27岁左右的姑娘来我们公司面试行政文员一职，负责人事招聘的我，在看完她的应聘简历后吓了一大跳。她的工作经历一栏，密密麻麻地写了好几行字，我仔细数了一下，目前为止，她一共做了6份工作！

这个数字代表了什么？我相信答案是不言而喻的，这位姑娘自毕业之后，平均不到一年的时间就换一份工作。当我吃惊地问道："你之前做过6份工作，是吗？"姑娘的神色还颇为得意，她自信满满地回道："是的，我做的这6份工作全部是行政文员，工作经验可以说是相当丰富，所以您完全不用担心我的工作能力！"

听了她的回答，我有点哭笑不得。怎么能不担心呢？没有一家公司喜欢稳定性不强的员工。在我看来，她频繁跳槽的经历非但没有让她博得一个"工作经验丰富"的美称，反而会让招聘人员担心她的稳定性，甚至质疑起她频繁跳槽的原因。

当我再三问起她频繁跳槽的原因时，她给出的答案果然如我预期的那样含糊不清。对我来说，简简单单的四个字"我不喜欢"并不具备任何的说服力，因此，我最终也没有将公司行政文员的职位交到她的手上。

　　我举这个例子，不是想要一棒子打死所有在职场上选择跳槽的人，而是希望通过这个例子告诉大家，在我们决定跳槽之前，一定要三思而后行。频繁的跳槽就像我面试过的那位姑娘一样，只会让应聘单位担心我们的稳定性，并且从消极负面的角度来揣测我们跳槽的原因：到底是工作能力有问题呢，还是为人处世有问题？

　　不仅如此，从表面上看，频繁跳槽会让企业直接受到损害，但细细想来，我们自己才是最大的受害者。为什么这么说呢？频繁跳槽不仅不利于我们个人资源和经验的积累，还会养成我们"这山望着那山高"的坏习惯。更有甚者，病急乱投医，最后从一个狼坑跳到了一个虎窝，又从这个虎窝跳进了那个狮群，种种不满意会让我们进入一个恶性循环，最终影响自己的职业生涯。

　　那么具体在什么情况下我们才能选择跳槽呢？著名策划专家王志刚就曾在《职场百诫》中回答了像费田帆这样的职场人士所面临的哈姆雷特式困惑，他认为，在跳槽之前，人们必须先考虑以下三个方面的问题：

　　第一，我的本行是不是没有发展了？同行的看法如何？专家的看法又是如何？如果真的已无多大发展，有无其他出路？如果有人一样做得好，是否说明了所谓的"无多大发展"是一种错误的认知？

　　第二，我是不是真的不喜欢这个行业？或是这个行业根本无法让我的能力得到充分的发挥。换句话说就是越做越没趣，越做越痛苦。

第三，对未来所要转换的行业的性质及前景，我是不是有充分的了解？我的能力在新的行业是不是能如鱼得水？我对新行业的了解是否来自客观的事实和理性的评估，而不是急着要逃离本行所引起的一厢情愿的自我欺骗？

只有当我们对这三个问题有足够理性的认知之后，我们才会真正地以自己的职业目标为导向，不再被"卧槽"和"跳槽"所困扰。

总而言之，跳槽绝对不是解决问题的唯一方法，换工作往往不如换心情。就拿费田帆的顾虑来说吧，职场难免会存在勾心斗角的情况，又有哪一家公司的人际关系不复杂呢？和同事相处不愉快，和老板相处不和谐，确实会让人产生一种想要卷铺盖走人的冲动，这是在所难免的。但是无论我们走到哪里，只不过是换了一个背景，故事情节依旧是别无二致，可见跳槽虽然能带给我们一时的痛快，却并不能解决实质性的问题。

不知道大家有没有听过这么一个故事。

从前有一个口渴的人，在山上发现了一棵苹果树，树上结满了红彤彤的苹果。他摘下一个后，又觉得树上还有更大的，于是就把手上的这个给扔掉了。如此反反复复，摘下一个又扔掉一个，结果树上的苹果越来越少，等他把树上的苹果都摘完的时候，才发现最后的一个苹果还没有第一个苹果的三分之一大。

对待工作，我们不能像故事里的那个人一样，总是幻想着下一份工作会更好。如果跳槽并不是非做不可之事，我们不妨多从自己身上找问题，努力提高自己各方面的技能。毕竟职场环境不会主动来适应我们，唯有我们做出改变，主动去适应职场环境。等有一天我们变成了一块闪闪发光的金子，我们就会迎来自己事业上最美的春天。

235

犯错不可怕，掩盖错误才可怕

曾经看过一个趣味性的调查报告，报告指出美国人心目中最恐惧的事情，第一是死亡，第二是演讲。如果说恐惧死亡是人之常情，完全可以位列最恐惧的事情的榜首，那么畏惧演讲未免让人感到有点不可思议。很多人不禁会问一句，在公众面前演讲有那么难吗？为什么它能成为美国人心目中最为恐惧的事情之一，并且与死亡并驾齐驱呢？

其实，只要不是在万人聚集的公共场合，生活中随处可见滔滔不绝、侃侃而谈的人。所以说，美国人并不是害怕在公众面前演讲，发表自己的意见，大多数人恐惧的应该是自己在演讲台上犯错，到时候下不来台。自尊心太强的人，通常脸皮都比较薄，如果他们一不留神犯了一个小错，就会感觉世界末日快要到了。

难道事情真的有美国人想象的那么严重吗？当然不是，十个曾在公众场合演讲过的人，其中就有九个有说错话的经验。举目四望，又有哪个名嘴主播不曾讲过错话呢？虽然很多人都害怕犯错，但是犯错总是难以避免。

常言道："智者千虑，必有一失。"在工作中，一个人即使再聪明，工作能力再出色，也难免会有失误的时候。犯错并不可怕，掩盖错误才可怕。许多初涉职场的年轻人的责任意识相当淡薄，他们在犯错后，第一反应是为自己的错误寻找借口，推卸责任。久而久之，他们就会掩盖错误成瘾，遇事逃避，爱找借口，这样导致的结果就是，下次还是会被同一块石头绊倒。

曾在书上读过一个有趣的故事。

有一只可爱的小猫咪，从来不肯承认自己会犯错，每一次失误它都会寻找各种各样的借口来掩饰。有一天，它去抓老鼠，可是却不小心让老鼠跑了，于是它说："这只老鼠又瘦又小，吃起来也没多少肉，我先放它回去让它长几天再说。"

又有一天，它去抓鱼，谁知，一不小心又让鱼儿溜走了。它没抓到鱼儿，反而被鱼尾击起的溪水溅得像一只落汤鸡。同伴们都嘲笑它，它反倒争辩说："你们笑什么，我又不是想抓鱼儿，只不过刚好想洗脸，借一下鱼儿的尾巴罢了。"

后来，大家都知道它喜欢找借口掩饰错误，所以，伙伴们都不太愿意和它在一块玩。一天，小猫咪又在河边抓鱼，突然脚底一滑，一下子掉到了河里。同伴们看见了，都为它感到着急，大家伙聚在一块商量着该怎么把它救上岸。

谁知，它明明不会游泳，却还嘴硬说："我怎么会掉到河里呢，你们别傻了，我是故意跳到河里洗澡的，你们这群邋遢鬼不会懂的！"话音刚落，小猫咪就被河水吞了进去。大家都很着急，另一只小猫咪却说："咱们别管它了，到时候把它救上来，它八成会说它在潜水呢。"

故事中的小猫咪第一次没抓住老鼠，为自己寻找的借口，伙伴们或许还会相信，可接二连三的失误和犯错，再好的借口也只不过是为了掩饰自己所犯的错误。从长远来看，掩盖错误的后果其实非常严重，它让小猫咪抓不到老鼠，更捕不到鱼儿，甚至还让自己掉进河里后丢掉了宝贵的性命。

希望初涉职场的年轻人在对待自己的第一份工作时，不要像故事中的小猫咪一样，频繁地为自己的失误找寻借口，推卸责任。要知道，人无完人，在工作中，谁都可能会犯错，这并不是一件特别丢脸的事儿。企业评价一个员工的工作态度是否端正，往往不在于员工犯错的多少，而在于犯错之后员工是什么样的态度。犯错之后，直面自身的缺点和不足，主动坦诚自己的错误，并及时采取措施弥补失误以将损失降到最低，才是我们的当务之急。

喻洲名是一家化妆品公司的销售员，有一次，他请一个客户在餐厅吃饭，本以为能顺利谈成一笔大生意，可没想到最终还是铩羽而归。

原来，和他一起吃饭的客户是一个非常注重个人外在形象的人，而刚好他那天是一身休闲风的打扮。在客户的眼里，喻洲名的衣着服饰让他整个人都显得非常稚嫩，一点也不稳重成熟，因此，客户并不放心和他谈生意。

如果换做是其他的年轻人，或许并不会把这点需要改善的小细节放在心上，可喻洲名却牢记在心。他觉得这次之所以没有顺利留住客户，责任全在自己，一个人的衣着服饰确实能反映一个人的个性和品味，他不该穿得那么随便去和客户谈生意，毕竟那也算是正式场合，穿得太过休闲，客户就没有办法感觉到他的诚意，更别说对他报以信任了。

有了前车之鉴，喻洲名再也没有被同一块石头绊倒过。每次和客户商谈生意，他必定会西装革履，就连脚上的皮鞋也擦得锃亮。每位客户见到他，对他的第一印象都特别好。一个月后，他终于拿到了几个大单子，为自己的第一份工作博了个好彩头。

英国著名文豪王尔德曾说："经验是每个人给自己所犯的错误取的名字。"照这么说，我们完全可以将自己所犯的错误进行浓缩，从中提取精华，转化成丰富的经验，让我们在以后的人生之路中走得更加顺风顺水。喻洲名正是因为勇于承认错误，善于从错误中吸取经验和教训，才成功地走出失败的窘境，开启事业的新篇章。

犯错对于职场菜鸟们而言并不可怕，真正可怕的是为了推卸责任以及顾全自己的颜面而掩盖错误。其实，掩盖错误时寻找的借口再怎么合情合理，冠冕堂皇，在公司领导的眼里依旧是无能的表现。

我们若想成为一名优秀的员工，就必须用自己的勇气和责任感来接纳自己所犯的错。知错能改，善莫大焉，这个道理又有谁不懂呢？

做"老板"前得先吃员工的苦

一千个读者就有一千个哈姆雷特，职业对于不同的人来说自然也有着不同的意义。有的人把它当成赚钱的工具，有的人把它当成打发时间的方法，还有的人把它当成建立人脉关系的最佳渠道等。然而不管出于什么样的目的，对于绝大多数人而言，职业充其量就是一份工作，选择"卧槽"还是"跳槽"，最后全凭自己做主。

不愿意受制于人的，觉得薪资待遇不合心意的，或是干脆看不惯职场复杂人际关系的年轻人，血液里往往躁动着不安分的因子，他们总觉得工作无非就是给别人打工，大钱都被老板赚走了,自己每个月就拿着点微薄的薪水勉强糊口。与其仰仗别人的鼻息生活,还不如自立门户,自主创业,自己做老板。

众所周知,创业需要一定的资金和人脉关系,不仅如此,如果我们想要成为一个受人敬仰的老板,自身还需要具备丰富的学识、超强的魄力、卓越的远见以及与众不同的想法。作为一个刚刚走出象牙塔的职场新人,做到这些并非易事。

从这个角度看,踏踏实实地做好自己的第一份工作更容易办到。一边工作一边学习,随着工龄的增长,我们定会变得更加成熟,工作能力自然也水涨船高,最终迈上一个新的台阶。等到我们积累了一定的人脉、金钱后,可以尝试着自己创业,做一些自己喜欢的事情。

我们还需明白的一点就是,相对于创业,工作可以算得上是零风险了。在平时的工作生活中,我们如果办砸了什么事情,可能只是按照公司相关的规章制度受到扣奖金或是降职的处罚。创业就不一样了,背负的责任相对重大。

朋友段华就曾对我说起过他的一段工作经历。

大学毕业后,段华跟着求职大军到广州打工,在他的心目中,广州是一个经济发达、机会繁多的大城市,随随便便在网上投一份简历,就会有很多公司打电话通知他去面试。于是,自信满满的他开始浏览各大招聘网站,希望能遇上一位赏识自己的伯乐。出乎他意料的是,工作机会确实多如牛毛,但是条件太差的自己根本看不上，条件好的要求也高，自己再怎么垫高脚尖也够不着。

时间一天天地过去，身上的"盘缠"也差不多快用光了，因此段华急于找一份工作落脚，几经周折之下，他终于找到了一份差强人意的工作，在一家图书公司担任策划助理。

说是策划助理，其实这份工作跟搞后勤差不多，并没有涉及太多有关策划的内容。段华每天的工作不过就是给资深策划师当保姆，端杯热茶，递送文件，运动量大一点的就属下楼拿个快递了。至于策划工作，他顶多帮着资深策划师改改策划方案中的细枝末节，其他核心的东西他是一窍不通，压根做不来。

一年下来，段华摸了摸自己的腰包，才发现自己每个月挣的那点钱，扣掉房租、水电以及饭钱后所剩无几。这个可怕的认知顿时让段华失去了对工作的信心和热忱，他觉得这份策划助理的工作毫无前途可言，自己再这么干下去迟早玩完！

此时，极度疲惫的他突然想自己创业当小吃店老板，以便彻底摆脱这种暗无天日的打工仔生活。可是创业需要大笔的资金，他现在又是囊空如洗，该往哪里筹钱呢？家中的老父老母现在靠着一点养老金过日子，自己实在没有脸伸手找他们要钱，身边的朋友也都是职场打工仔，情况更不会比他好到哪里去。段华无奈地摇了摇头，他不知自己究竟该何去何从，每天只好生活在压抑和苦闷之中，完全丧失对工作的热情，只想做一天和尚撞一天钟。

241

没过多久，段华在一次朋友聚会上遇见了一位多年不见的学姐，此时的学姐早已褪去学生时代的青涩和稚嫩，摇身一变成为一家公司的老板了。学姐的事业有成隐隐触动了段华心中的那个创业梦，他无比郁闷地向学姐抱怨自己在工作上的不开心，希望学姐能为他指点迷津。原本想着学姐能传授他一些有关创业的经验，没想到学姐却对他说："要想做老板，你首先就得学会吃员工的苦！"

学姐的话让他感到十分意外，自己之所以心心念念想创业当老板，就是为了摆脱打工仔的身份，怎么这会子他还是要埋头苦干，吃做员工的苦呢？

学姐似乎察觉到他的疑惑，笑着解释道："你不要觉得老板这个头衔有多金贵，其实，当老板和做员工并没有太大的区别。别人的职业或许是教师、工程师和经理，老板的职业就是老板，别人还可以选择跳槽，老板却没有任何退路，他只能和企业生死与共。相比之下，老板所要承担的风险和责任远甚于任何一个职业。可以说，老板吃的苦要比员工多得多，你若是想当老板，怎么能连一个小小员工的苦都吃不了呢？"

段华仔细一想，觉得学姐的一番话说得确实有道理，自己连员工的苦都吃不得，还想做老板，这简直是痴人说梦。看来日后他得换一个角度去看待问题了，他并不是为老板在工作，而是为自己在工作，他在工作中收获到的一切，没有谁能够将它夺走。

认识到这一点之后，段华很快就从消极负面的情绪中走了出来，他深知自己的工作其实就是创业，努力做好每一件事都是为了自己能更上一层楼。带着这种想法，段华一边工作一边充电，一年之后，凭借着自己的努力，他很快就坐上了策划师的位置。

策划师的工作让他受益良多，几年下来，他积攒了不少的人脉资源，在朋友们的帮助下，他最终成功地开办了自己的小吃店，成为一名拥有十几名员工的小老板。

朋友段华的工作经历告诉我们，当工作丧失激情，找不到继续前行的理由时，请把职业当成自己的事业去经营。只有把工作变为自己的事业，我们才会心甘情愿地投入精力和时间，将每一步走得小心谨慎，踏踏实实。

不想当将军的士兵不是好士兵，同理，不想当老板的员工也不是好员工。自主创业是一个美丽的梦想，而实现这个梦想是需要付出代价的。我们若想当一个好老板，首先就得多吃员工的苦。小事都做不好，自然就没有资格奢谈干大事了。做职员的经历不但能提升我们的工作能力，更能丰富我们的工作经验，进而为我们日后的创业之路提供坚厚的人脉支撑。

243

尽量少说"不知道"

大部分人都拥有过属于自己的青涩的学生时代。每当上课老师提出问题的时候，有的小伙伴会踊跃举手抢着回答问题，而有的小伙伴会默默地低下脑袋，暗自祈祷老师不会点到自个儿的名字，万一不幸被点中，他也不会给予老师一个胸有成竹的答案，而是回以轻描淡写的一句"我不知道"。

简简单单的四个字，让一场原本有着思维碰撞的激烈讨论变成毫无回应的空谷喊话，听到这个答案的老师再怎么气急败坏，也无法将他就地正法，以儆效尤。因为只要我们还在自由宽松的校园里，只要我们还是一个不谙世事的学生，我们的一句"不知道"都会得到最大限度的理解。

然而，当我们离开了学校，步履维艰地迈入职场时，我们就如离开了伊甸园的亚当和夏娃，所走的每一步都要靠自己去细细忖度和丈量。职场的现实和残酷，使得它不会轻易原谅我们的"不知道"，因此作为一名职场新人，我们一定要尽量少说"不知道"。

师悠容毕业于扬州一所专科学校，在家人的帮助下，她进入了一家国企工作。工作的第一天，部门领导就交给她一份60多页的文件材料，让她立马去复印一份，待会开会有急用。师悠容接过这厚厚的一叠文件后，慢悠悠地走到复印室去复印，可是 20 分钟过去了，她还是没有把这些重要的文件材料复印完毕。

眼看着会议就要开始了，部门领导见师悠容还没有进来，内心有点着急，只好亲自前往复印室查看。等他走进复印室的时候，眼前的一幕让他哭笑不得，只见师悠容正一张一张地将文件放到复印机内，然后再依次等文件复印出来。

他怒气冲冲地问道："你怎么不把所有的文件都放到输稿器中呢？这样一张一张地复印，什么时候才复印得完啊？会议马上就要开始了，我还等着你复印的文件呢！"他一边说，一边抢过师悠容手上剩余的文件材料，将它们复印完毕。

面对部门领导的质问，师悠容白净的脸上竟然毫无悔色，她闪着无辜的大眼睛为自己辩解道："领导，我从来没有复印过文件，不知道可以这么做也是情有可原的嘛。"

部门领导顿时眼睛一瞪，没想到她会这么为自己开脱，他提高嗓门吼道："你这是什么态度？你做错了事情难不成还有理了？不知道，不知道，你不知道难道不会找人问啊？岂有此理！复印文件都不会，以后我还能指望你帮我干点什么事？"

劈头盖脸就是一顿臭骂，师悠容显然还没有回过神来，她觉得自己特别无辜，不就是一句"不知道"吗，部门领导有必要为它大动肝火吗？

245

其实，师悠容并没有弄清楚部门领导生气的真正原因，部门领导并不是生气她不会复印这件事，毕竟世界如此之大，每一个人都有自己暂时不会的领域，只要肯用心学习，最后也能把未知变成已知。部门领导之所以火冒三丈，完全是因为她把"不知道"当做挡箭牌，三言两语就把自己的责任撇得一干二净，说不定以后还会出现这样类似的事儿。

部门领导的担忧不是没有道理，企业愿意容纳一个在工作能力上暂时有所欠缺的员工，但绝不允许这个员工安于现状，不下工夫去学习。不知道怎么去复印文件没关系，只要师悠容能意识到自己的不足，放低姿态，虚心向前辈请教，最后就能免于部门领导的诘难，减少不必要的"无辜被怨"。

行走职场，新人们一定要明白，"我不会""我不知道"等都是推卸责任、不思进取的代言词，如果我们真的对于某项事物不了解，或许可以尝试着换一种说法，说不定更能让别人接受。打个比方，职场新人遇事不解，可以谦恭地向前辈们请教："不好意思，我不是很明白这个问题，麻烦您为我指点迷津好吗？真是谢谢您了！"就这么一句简单的话，不仅会让对方有一种备受尊重的感觉，也能让我们收获到新的知识，真可谓是一箭双雕。

在公司里，老板总会问我们各种各样的问题，有时候并不是我们所熟悉擅长的专业问题，甚至还有可能是与工作搭不上边的问题。虽然此时"不知道"三个字确实是我们的真实心声，但我

246

们不能直白坦率地这样说。因为如果我们习惯性地拿"不知道"来回答老板的问题，那么迟早有一天老板会勃然大怒，对我们的工作业绩持否定态度，更有甚者直接将我们扫地出门。

刚刚踏入职场的新人，经验不足和情况不熟是常有的事情，这个时候我们千万不要自恃菜鸟的身份为自己的"不知道"推卸责任，一定要表明自己积极主动的态度。面对领导的发问，我们可以这样回答："您稍等，我马上去问，待会绝对会给您一个满意的答案。"如此一来，我们既给自己留了一条可供回旋的后路，又没有直接扫了领导的兴趣和脸面，而且让领导知道，我们是虚心好学、积极向上的好员工。

老子曾说："福兮祸之所伏，祸兮福之所倚。"领导的提问表面上看起来是灾难临头，实则是一个千载难逢的机会，我们能回答的就尽量全面地回答，不能回答的也不要用一句"不知道"来搪塞了事，立马去查资料和问同事是解决问题的最佳途径。只有这样，我们才会经历一个从不熟悉到熟悉的过程，最后慢慢变得成熟和经验丰富。当我们对公司的情况以及工作的内容驾轻就熟时，公司的领导也会对我们另眼相看，交给我们更多更重要的任务。

治治你的"幼稚病"

初涉职场的人由于刚刚走出理想化的象牙塔，身上往往还残留着许多"幼稚病"。为了更好地适应职场生活，我们最好还是腾出时间好好地治治这个病。其实，所谓的"幼稚病"，不外乎以下几类，只要我们能找出病根，就能对症下药，逐个击破。

1. 不懂偏要装懂

有时候，小孩子的一言一行之所以惹人发笑，是因为他们爱把自己装扮成一个"小大人"的模样。极具模仿能力的他们，在和别人交流的时候经常"鹦鹉学舌"，不懂装懂，说一些让人啼笑皆非的俏皮话。作为职场新人，我们却不能任由自己犯傻，像幼稚的小孩子那样，自以为聪明，在众人面前卖弄，假充内行发表一些无知谬论。

子曰："知之为知之，不知为不知，是知也。"不懂偏要装懂不仅不能让别人对我们产生崇拜之情，反而会给人留下说空话的不良印象。久而久之，必定会使他人失去对我们的信任。

孙跃是一家公司的人事助理，这是他大学毕业之后的第一份工作。满怀斗志的他，非常渴望自己能在工作岗位上大展拳脚。在他看来，职场就是一个小型的社会，工作的实质无非就是和形形色色的人打交道，唯有俘获职场同事的心，他才有机会加薪又升职。

那么怎样做才能让同事们对他心生敬佩之情，继而树立自己在公司的威望呢？

孙跃想到了一个方法，他决心充当公司里的"百科全书"，不管同事们有什么问题和麻烦，只要他有所耳闻，必定冲上前去为其指点迷津。刚开始，同事们看他说得头头是道，以为他是一个学识渊博的"万事通"，于是纷纷向他取经，并且采纳他提供的许多建议。

虽说真金确实不怕火炼，可孙跃毕竟只是一本盗版的"百科全书"，他所说的话多数是胡诌一通，所提供的建议压根就没有实质性的价值。没过多久，就有同事因此吃了大亏。

有一次，公司同事王姐在和其他人闲聊时，说自己正在减肥，不过由于缺乏正确的减肥知识，两个月下来非但一斤肉没掉，反倒还胖了好几斤，这让她十分懊恼。

孙跃听到以后，非常不以为然地说道："减肥又有何难？只要选对了减肥药，再加上适当的节食，保管你一个月减重十斤！"王姐一听，顿时觉得孙跃可能有过减肥的经历，是一个减肥经验丰富的行家，于是连忙请他为自己推荐一款减肥效果不错的减肥药。

看到前辈王姐向自个儿请教，孙跃内心感到极大的满足，可实际上，对于减肥，他根本就是一窍不通，并没有任何减肥经验，自己仅有的一点减肥知识还是看电视得来的。面对王姐的执意要求，孙跃胡乱地给她推荐了一款减肥药，心想，这减肥药曾经打过广告，应该没什么副作用。从孙跃那"取到经"后，王姐兴高采烈地去网购了这款减肥药。可没想到的是，吃药不到三天，她就闹肚子痛，最后只好跑到医院去看病，结果医生告诉她这款减肥药对身体有严重的副作用，以后万万吃不得。

从那以后，王姐逢人就说孙跃是个害人精，不懂偏要装懂，害得她伤了身体又砸了钱。公司同事听了，对孙跃都避之唯恐不及，不管他说什么，即使是真的，大家也不愿意再相信他。

从这个故事中我们可以学到，行走职场，在自己不熟悉甚至是完全陌生的领域，我们最好不要在搞不清状况的情况下就随便给人提建议。不懂装懂的结果只会是两败俱伤。

2. 妄想成为人见人爱的"万人迷"

在电视剧《粉红女郎》中，演员陈好饰演的角色是一个人见人爱的"万人迷"，可对于大多数观众来说，"万人迷"并不是他们心目中最喜爱的人物。刘若英饰演的"结婚狂"，虽然衣着土气，容貌身材也不如"万人迷"，但她看起来更加真实和平易近人。

张慧是一个年轻漂亮的女孩，从小就受到万众瞩目的她，在踏入职场的那一刻，就决心延续自己"万人迷"的美好形象，让公司的老板、同事以及客户都对她建立好感。

有一天，上司跟张慧闲聊时说："小慧，你说我们部门的陈艳红为人是不是有点抠门啊？大家每次找她出去吃饭，她都推辞不去，生怕浪费钱，我实在是有点看不惯！"张慧平时和陈艳红没什么来往，对她的性格也不怎么了解，但听到上司不太喜欢这个人，为了迎合上司，自己只好连连点头，和上司一个鼻孔出气。

可无巧不成书，没过几天，张慧下班的时候，突然在公司门口碰见了陈艳红。两个人有一搭没一搭地聊着，陈艳红小心翼翼地问道："小慧，公司里很多同事都说我小气，连顿饭都不肯请他们吃，你也这么觉得吗？"

听到这些话，张慧有点傻眼，可不管怎么样，她还是不想说实话得罪陈艳红，于是，她假意安慰道："你别瞎想了，我觉得你很大方，平时有什么好吃的都愿意和我们分享。"

这下可好，三言两语是把陈艳红安抚好了，可让张慧没有想到的是，这些话竟然给她的职场生涯埋下了致命隐患。第二天，她刚刚走进办公室，还没来得及和上司同事打招呼，就发现上司和陈艳红对自己的态度都非常冷淡，这让她感到大事不妙。

果然，好心的同事告诉张慧，上司已经专门找陈艳红谈过话，让她以后改正小气的毛病，和同事搞好人际关系，可陈艳红却说自己并不是一个小气的人，同事张慧可以为她作证。

听完同事的转述，张慧这才明白事情的来龙去脉，她感到十

251

分后悔。自己之所以说违心话，原本是为了能兼顾两边，谁也不得罪，可结果呢，聪明反被聪明误，把两个人都给得罪了，"万人迷"当不成不说，最后还落得个猪八戒照镜子——里外不是人的下场。

由此可见，年轻人在职场打拼，一定要谨记一点，没有人能成为一个人见人爱、花见花开的"万人迷"。我们不要为了迎合别人而贸然改变自己的立场，这样做只会让我们沦为一棵缺乏主见的墙头草。长此以往，势必人人鄙视。唯有自信自强，保持自己的个人风格，坚持自己的原则和立场，以不卑不亢的姿态和人来往，我们才能笑傲职场，青云直上。

3. 眼高手低，高估自己的实力

常言道："初生牛犊不怕虎。"初涉职场的年轻人什么都缺，就是不缺冲锋陷阵的斗志。没有任何工作经验的他们，往往体会不到职场生活的压力，更别提曾遭受过什么重大挫折。因此，在这样一个年轻气盛的人生阶段，大部分职场新人很容易眼高手低，高估自己的实力，总是沉不下心来用心工作，最后白白浪费了自己的大好年华。

赵鑫读大四的那一年，通过校园招聘会找到了一份工作。在试用期第一天，他特地早早地来到公司，希望能立马投入到新鲜忙碌的工作中去，毕竟这是他人生中的第一份工作。

其实，公司领导也希望他能尽快上手，于是给他安排了许多琐碎的活儿。头一个礼拜，他还能静下心来踏踏实实地完成手头上的工作，可随着时间的推移，他渐渐感觉自己不太喜欢这份工作了。原因很简单，赵鑫觉得凭借自己的能力，不应该整天埋首在一堆毫无意义的杂事中，这个世界上一定还有更加重要的事在等他来解决。

就这样，试用期还未结束，赵鑫就匆匆向公司递交了辞呈，随即踏上新一轮找工作的征途。可天不遂人愿，从这一家公司出来之后，他始终没有找到一份能让自己受到重用的工作，每次进到一家新公司，接到的无不是一些繁琐的任务。

253

许多初涉职场的年轻人，在不同程度上会犯故事中赵鑫的错误，带着对职场的一知半解，总是不能够清晰地认识到自己的优缺点。自信心一旦过度膨胀，工作做不好也就在情理之中了。此时，我们要做的应该是尽量避免盲目的激情，不要将自己看得太高。当我们摆正自己的位置时，才能充分认识到自己的能力，最后在职场上越走越稳。

总而言之，步入职场的那一刻，意味着我们要与过去的幼稚青涩挥手告别。这条路注定是荆棘丛生，我们只有好好地治一治身上的这些"幼稚病"，才能蓄足力量披荆斩棘，许给自己一个充满希望的锦绣前程。唯有如此，我们才不枉在职场打拼一生。

学会当一个"问题终结者"

投身在职场生活中时，我们每一个人的工作实质上就是为公司老板分忧解劳，终结一些迫在眉睫的麻烦和问题。然而，趋利避害原本就是人的天性，一部分职场人士在棘手复杂的问题面前总是裹足不前，甘愿缴械投降，做一个并不光彩的逃兵。

汪民良大专毕业之后，就被一家刚成立不久的小公司招入门下，成为人事部的一名小兵。和公司的其他同事相比，虽然他的学历不是很高，但他性格随和，从不轻易和人起冲突，因此，同事们都十分乐意和他打交道。

光阴似箭，日月如梭，汪民良在这家公司一干就是三年，当初和他一起进公司的同事，大部分都选择跳槽另觅出路，还有的因为工作能力特别突出被老板提拔为管理阶层的干部；新同事则如雨后春笋，一茬又一茬地涌进公司。唯独他三年来始终如一日地驻扎在这个岗位上，踏踏实实地做着自己分内的那点活儿。

要是放在前几年，汪民良的忠心老实绝对最受领导喜爱，毕竟那时候公司正处于创业阶段，一来资金不够雄厚，二来也是急需用人，倘若员工的流动性太大，则对于公司的发展只会是百害而无一利。因此，每次公司领导召开全体员工大会，都会对汪民良进行一番表扬，号召其他同事把他当作工作上的榜样，像他一样专注地工作。

就这样，汪民良在一群年轻同事的眼中，理所当然地成为"忠臣"式的老员工。可是随着时间的流逝，公司也在渐渐地发展壮大，对于员工的要求自然是水涨船高。汪民良虽然一如既往地坚守在岗位上，但他在工作上的表现实在是没有多大长进。

不管公司领导交代他什么任务，他从来只拣轻松简单的部分干，余下的麻烦部分全部留给其他新来的年轻同事。久而久之，这种逃避问题和麻烦的鸵鸟做法还是引起了年轻同事们的诸多不满，大家纷纷向公司领导投诉这位老前辈。

刚开始，公司领导并不是特别在意这些同事之间的小纠纷，觉得汪民良是自己多次亲口表彰过的好员工，实在是犯不着为这点芝麻绿豆的小事将他狠批一顿。

于是，带着这种想法和考量，公司领导选择站在汪民良这一边，暂时搁置了大家对他的不满和抗议。可是好景不长，在不久后的一次公司会议上，汪民良的一次非常蹩脚的表现让一直都挺他的公司领导大失所望，从此再也不愿将他对公司的忠诚和专注挂在嘴边了。

会议上，公司领导问在座的诸位同事，有哪一位能自告奋勇地接下他手里这项比较棘手的工作任务。此话一出，全场顿时鸦雀无声，几乎所有的人都悄悄地低下了头，丝毫不敢直视老板恳切的眼神，生怕自己不幸被老板相中，被迫接下这烫手的山芋。

低头的人当中，自然也有被公司老板誉为"忠心耿耿"的老员工汪民良。

眼见无人敢毛遂自荐，公司老板顿时火冒三丈，他指着垂首不语的汪民良问道："民良，你可是公司最为忠诚的老员工。既然大家都不愿意揽下这个活儿，你是不是应该身先士卒，为大家树立一个好榜样？"老板的想法很简单：年轻的员工不肯接下这项麻烦的工作，尚且还说得过去，若是连汪民良也不愿意为他排忧解难，那么他根本没必要留下这个懦弱无能、光吃白饭的"逃兵"了。

"老总，这件事儿实在是太棘手了。我的能力有限，怕是难以担此重任，万一没有把这项工作处理好，给公司造成了重大损失，我于心有愧啊！"汪民良这看似自谦的一番话，表面上听起来合情合理，实则透露了自己的真实心声。

其实这么多年以来，汪民良之所以在原地打转，没摊上任何加薪又升职的好事儿，归根结底还是因为他在工作上没做出任何拿得出手的业绩。

一个总是秉持着"多做多错，少做少错，不做不错"信念的员工，不管他在当前的岗位上待了多少年，都不能表明他对所在公司的无限忠诚和努力付出，反而会让公司老板寒心。

毕竟，现代企业讲究的是效益，再能干的老板也无法一力承担所有的工作。因此，一个合格的员工必须直面工作中的问题和麻烦，誓做一个"问题终结者"。只有把眼前的棘手事儿扫荡干净了，才能创造出让公司老板心满意足的效益。

说到这，我相信大家也能猜到这个故事最后的结局吧。后来，在全球金融危机的影响下，公司领导被迫辞退一批员工，同时还不得不给一部分工作表现稍微逊色的员工降薪。汪民良虽然是一个资历深厚的老员工，但军令当前，他的逃避和不作为让公司老板痛下"辞"心，宁愿多花一点精力去培养一批年轻、有干劲的新员工，也不愿意在他身上再多花一分钱。

想当初，爱迪生在发明电灯的时候，遇到的困难何其多，失败的次数竟高达一千多次，可他依旧没有选择退缩和逃避，而是勇往直前，越挫越勇，努力地寻求解决之道，最终成功地发明了电灯，获得了巨大的成就。

由此可见，问题和麻烦并没有长着一副狰狞的嘴脸，它们的可怕其实只是植根于我们脑海里的想象。因此，面对职场上的麻烦和问题，我们要做的应该是时刻保持清醒的头脑和冷静的心态，并且不断地暗示自己，它们其实是乔装而来的发展机遇。当我们把问题彻底地终结之后，机遇才会揭掉身上的面纱，与我们尽情地拥抱在一块。

第九章

硬实力挤进门，
软实力扎下根

走出校园，也别忘了"虚心向学"。职场是一所全新的"学校"，学历和证书只是你的敲门砖，新手进入职场时就必须时刻谨记：无论你从前多么优秀，现在也要从头学起。一个不学习、不接受、不成长的"三不"青年，永远没有"毕业"的那一天。

懂一点沟通技巧

人类社会是一个大群体，没有人能脱离这个群体而独立生存，每一个人都或多或少地需要和别人进行来往。而沟通又是人与人之间最佳的交流方式，不管我们从事哪一行的工作，良好的沟通能力都是我们立足职场、获得成功的必备技能。因此，对于每一位初涉职场的年轻人来说，懂得一点沟通技巧确实是迫在眉睫之事。

朋友吴诚有一个宝贝女儿，名叫吴初晗。由于她是家中的独生女，朋友从小就把她当作掌心里的宝贝，含在嘴里怕化了，捧在手心怕飞了，疼她疼得不得了。在这样的家庭环境中成长，吴初晗压根儿就不懂得察言观色，与人交谈总是直来直去，一点也不会拐弯抹角，所以常常得罪了人还不自知。每当别人被她气得一脸铁青两眼冒火时，她还傻乎乎地杵在原地，一头雾水。

大学毕业后,吴初晗在一家报社做副刊记者,上班没几天,她就和办公室的同事闹僵了。大家纷纷排挤她,不愿意再和她一起共事。吴初晗下班回到家后,委屈地找父亲哭诉。当爸爸的没有办法,只好打电话给我,请教我该如何帮他的宝贝女儿渡过这个难关。

听吴诚说,前几天,吴初晗的一个同事梁冰冰撰写了一个人物稿子,本来想请她帮忙润色一下,没想到她看过之后,觉得稿件中有许多语句读起来极为不通顺。于是,她当着办公室同事的面儿,直接就对梁冰冰抛出一句:"冰冰,你这稿子写的真是狗屁不通啊!我怎么帮你改呢?这连一个高中生的水平都赶不上啊!"

办公室的同事们一听见她这么损梁冰冰,有猎奇者立马夺过她手里的稿子,想一睹为快,部分性情耿直的则直接拍桌而起,替梁冰冰打抱不平:"吴初晗,你说话能不能注意一点啊?人家冰冰请你帮忙,那是看得起你,不要给你一点颜色,就自以为是开染坊了!"

此话一出,那些忙着抢稿子的同事也停了下来,纷纷把矛头对准了吴初晗,指责她说话太过直接,口无遮拦,不懂礼貌,将他人的自尊踩在脚下。

吴初晗觉得自己只是将事实说出来而已,并没有恶意,所以面对同事们的集体批斗,她觉得非常委屈。正当她想反唇相讥

262

时，报社主编突然走进了办公室，厉声询问发生了什么事儿。

　　他看了看红着眼睛的梁冰冰，紧接着又望了望咬着嘴唇的吴初晗，大声说道："小吴，虽然我不知道你们之间发生了什么事儿，但我相信小梁绝对是无辜的，八成又是你这张嘴惹人厌吧！"深谙吴初晗个性的主编，不问事情的经过，就毫不留情地将她批评了一顿。

　　主编的这一席话就好比压死骆驼的最后一根稻草，吴初晗的情绪彻底失控，她口不择言地朝主编吼道："你怎么不说是你管教无方呢？你不问青红皂白就判断是我的错，未免也太不公平了吧！"这一下可好，她一天就得罪了两个人，一是自己的同伴，二是自己的顶头上司。如此一来，职场孤家寡人的位子她是坐定了！

　　听完吴初晗的故事后，我笑着对朋友吴诚说："其实，初晗完全可以避免这些倒霉事的发生。同事梁冰冰请她帮忙润色一下稿子，她如果觉得稿子不尽如人意，不妨管好自己的刀子嘴，委婉地告诉对方：'这个地方如果这样写，会不会更好呢？'我想，任谁听了这样的话，都会心平气和地采纳她的建议。另外，面对老板的批评，身为下属是绝对不能以硬碰硬的，她心直口快的抱怨非但不能解决问题，还会让老板和同事对她的嫌恶之感飙升。"

　　为了让吴初晗以后再也不被职场人际纠纷所困扰，我又在电

263

话里向朋友传授了一些行之有效的沟通技巧，希望他听完再转达给吴初晗。

首先，认真倾听是建立沟通桥梁的开始，正所谓"敬人者，人恒敬之；爱人者，人恒爱之"。不论我们多么渴望表达自己的所思所想，在一倾积愫前，不妨先静心聆听他人的心声。当我们显示出最大的诚意时，对方也会将心比心，给予我们理想中的回应。

不要小看倾听的作用，它能让我们对对方的兴趣爱好、文化水平、个人要求等详细信息了如指掌，一旦我们了解清楚这些情况，就能对症下药，采取不同的沟通方式来投其所好，以免出现话不投机半句多的尴尬状况。

其次，沟通也要选择一个合适的场合，尽量挑对方心情好的时候与其交流，往往能轻轻松松地达到自己的目的，否则撞在人家的枪口上就只能自讨没趣了。就拿吴初晗的例子来说吧，面对上司的指责，她不该任由自己的委屈泛滥，众目睽睽之下就和上司呛起声来。要知道，当众让上司下不来台，就等于抡拳头打上司的脸，何不事后再找机会跟上司解释整件事的来龙去脉呢？路径窄处，留一步与人走，别人也会感恩在心的。

最后，我们在和别人沟通的时候，采用的语言务必力求真诚、友善且不伤人自尊。众所周知，每一个人都有逆反心理，在遭受言语打击时，别说良好的沟通会荡然无存，只怕还会引发两个人之间的剧烈冲突，最后影响到各自的工作状态。

64

沟通能拉近人们的距离。对于职场新人来说，进入职场就意味着要与一批陌生人建立良好的人际关系，我们必须借助良好的沟通寻求一个彼此双赢的结果。俗话说，磨刀不误砍柴工，掌握一些必要的沟通技巧就显得尤为重要了，它能让我们在工作中取得事半功倍的效果。

向上管理：让老板听你的话

众所周知，虽然现代职场还是有着严格的等级制度，但由于人们越来越追求权利平等以及透明式的管理，因此下属和上司之间有了更多和睦对话的可能性。所谓的向上管理就是通过了解上司的立场，梳理上司与自己意见相左的关键点，最后建立一个有效的沟通渠道，让身居高位的上司能听进去你的话。

EMC 大中华区总裁陆纯初在一段时间内成了中国商场上的红人。他的名字之所以在不到一周的时间内被大部分中国人所熟知，是因为他跟自己秘书贝瑞卡之间的一次小小冲突，在众多媒体的推波助澜下，获得了巨大的关注度，而小小秘书贝瑞卡也因此被众多网友冠上"史上最牛女秘书"的称号。

其实放眼职场，像贝瑞卡与上司陆纯初这样的冲突实在是司空见惯，尤其是在商场这种"权力至上"的社会语境下，无论是在外企、国企还是民营企业，我们都会看到上司对下属提出无理要求，或是进行苛责甚至是罔顾人尊严的谩骂。这种现象之所以屡见不鲜，是因为在人们的惯性思维中，下属服从上司从来都是天经地义的事儿。但贝瑞卡却敢于打破传统，让所有人都见识到强硬下属与上司尖锐对立的一面。

在"史上最牛女秘书"事件中，贝瑞卡先是用针锋相对的强硬措辞回应上司的批评，紧接着又进一步升级，将上司的批评与自己的反驳之辞公之于众。从她处理这件事的方式上我们可以看出，她完全是抱着破釜沉舟的想法，将自己与上司一起摆上公众舆论的决斗台，试图以弱者对抗强权的姿态博得公众的支持。

毫无意外，贝瑞卡最后站在公众舆论有利的一方。据统计，网上有超过八成的民众支持她；但从现实的角度看，她无疑是一个失败者，因为她不仅丢掉了饭碗，还因踏入了向上管理的雷区，导致她以后无法和外企圈子再续前缘。"史上最牛女秘书"贝瑞卡显然不具备向上管理的能力，面对与上司之间的冲突，她的处理方式无不踏在向上管理的两大雷区中。

向上管理雷区一：直线思维否定上司。

贝瑞卡因为下班锁门，导致忘带钥匙的上司无法回到办公室取东西，上司多次联系她未果后，火冒三丈地给她发了一封措辞严厉、语气生硬的谴责信。面对上司的无理要求和严厉指责，贝瑞卡并没有低头示弱，而是选择直线顶撞，以强硬的姿态直接驳回上司的批评。

她在邮件中回复说："你有钥匙，你自己忘了带，还要说别人不对。造成这件事的主要原因是你自己，不要把自己的错误转移到别人的身上。"此话一出，无疑是在否定上司的领导权威，让上司感觉颜面无存，难以下台。这样做只会刺激上司采取更加严厉的措施去压制瑞贝卡的想法，而贝瑞卡的被迫离职就是最好的证明。

向上管理雷区二：将私下矛盾公开化。

如果说贝瑞卡强硬反驳上司的无理指责之举还情有可原，那么她在回信的时候将这封邮件群发给EMC在中国各地的分公司就有点做过了。近一周内，该邮件被数千外企白领接收和转发，几乎每个人都不止一次收到过这封邮件，很多人还在邮件上留下"骂得好""真牛逼""太解气"之类的点评。

其实，当上司与下属之间因工作方式和工作思维的迥异发生冲突时，下属不应该将本来属于小范围、小问题的矛盾公开化，使得事件广为人知。这种做法很容易让上司处于舆论的风口浪尖，饱受众人诟病，最终使得上司和下属的关系进一步恶化，毫无回旋的余地。

事情并不是没有妥善的解决办法，面对上司的责备，不管合理与否，贝瑞卡完全可以在邮件中用温和有礼的语气仔细解释当天的原委。俗话说得好,伸手不打笑脸人,只要我们的态度诚恳、言辞温和,解释妥当,上司也不是完全不可理喻之人,他们终究还是会明白和理解我们的立场。

行走职场,与老板打交道时,我们一定要明白强硬对抗或委曲求全都不是最好的应对方式,因为这样做的结果只会导致矛盾激化或者让自己"很受伤"。我们若想和老板建立一种良好的互动关系,唯有学会向上管理,不断加强自己对职场规则的深入分析,努力把握各种有效的沟通技巧,才能做到与老板沟通顺畅。

至于该如何进行有效的向上管理,我们还应当借助以下这几点。

第一,了解老板的情绪周期。

老板不是圣人,他们和普通人一样也有喜怒哀乐和人性弱点,除了极个别素养特别高的老板外,大部分的企业领导都存在周期性的情绪表现。身为下属,我们应该琢磨清楚老板情绪高低和心情好坏的变化规律,只有这样,我们才知道自己在什么时候、什么语境下向老板提出什么意见或沟通什么样的问题能够事半功倍。

第二,不要将公司矛盾私人化。

许多时候,下属与老板之间的冲突之所以演变到一发不可收拾的地步,往往都是两者无意中将公司矛盾私人化的缘故。对于公司矛盾,老板和下属完全可以协商着共同解决。如果下属执意要曲解老板的语意，反应过于激烈，那么彼此争论的焦点迟早会脱离理性解决的范畴，从而上升到互相指责、赌气谩骂，甚至是侮辱对方的不堪局面。

因此，将公司问题与私人矛盾分开，理性地看待自己与老板之间的某些意见冲突，避免感情用事，是下属进行向上管理的重要一步。

第三，不要将私人矛盾公开化。

常言道，家丑不可外扬。身为公司的老板，自然比常人更加顾及自己的脸面，他们当然不希望自己与下属的冲突被搬上台面，任广大民众指指点点。了解到这一点后，我们的向上管理无疑多了一层不可逾越的边界，在边界内行事才能确保我们的职场生涯顺风又顺水。

虽然老板和我们的身份悬殊，但只要我们懂得运用向上管理这种职场生存智慧，就能在与老板的博弈过程中实现双赢。

发散思维，事情并不只有一种答案

曾经在书上看到过这样一个故事，年轻人比尔有一手开锁的绝活儿，不论构造多么复杂的锁，只要经由他手，都能在最短的时间内将其打开，目前为止，尚未有过失手的情况发生。

　　"只要让我带着自己的特制工具进去，一个小时之内，我绝对能打开任何锁！"话虽如此，比尔自信的言语还是让小镇的居民相当不以为然，他们不相信比尔有这样的本事，能从任何一个封闭的房间里逃脱出来。

　　在比尔的再三要求下，小镇居民特别打造了一个坚固的铁笼，并给铁笼配上了一把复杂无比的大锁，如果比尔能在一个小时内开锁出笼，小镇居民愿意支付他1000美元。

　　比尔一走进铁笼，就迫不及待地打开自己的工具盒，等到拿出特制的开锁工具后，他立马专心致志地工作起来。20分钟过去了，比尔还在摸索着该如何打开这把锁，仔细观察他的神情，似乎有那么一点摸不着头绪；45分钟过去了，比尔依旧在重复先前的工作，不同的是，他的眉头紧锁，额头也开始冒汗；一个半小时过去了，比尔终究还是没有打开这把锁，顺利从铁笼中逃出去。正当他灰心丧气地顺着铁笼的门坐下来时，让人震惊的结果出现了——铁笼大门竟然顺势打开了。

　　比尔这才明白自己为什么没能打开这把锁。原来，小镇的居民压根就没有给这个铁笼的大门上锁，那把看似复杂无比的大锁只不过是一个掩人耳目的摆设罢了。

　　人们常说，最危险的地方就是最安全的地方，那是因为在常人固有的思维里，谁都不会躲在最危险的地方，相应之下最危险的地方也就成了大伙最容易忽视的地方。比尔若是早些明白了这个道理，也就不会在自己的脑袋里安上一把墨守成规的大锁，最后更不会被一扇虚掩的铁门折腾得筋疲力尽，毫无应对之策。

由此可见，不管我们做什么事，一定要学会打破常规，发散自己的思维，不被思维定势捆住手脚。行走职场亦是如此。当我们遇到难题时，灵活地运用大脑，懂得举一反三，最后才能在灵光一闪中找到解决问题的新思路。

在1952年前后，日本东芝电气公司曾一度积压了大量的电扇卖不出去，7万多名职工为了打开销路，绞尽脑汁地想了不少方法，可始终没有多大效果。

有一天，公司的一个小职员在街上溜达，偶见许多小孩子在玩五颜六色的风筝，忽然灵机一动，想出了一个使电扇畅销的好办法。赶回公司后，他连忙向公司董事长提出改变电扇颜色的建议。在当时，全世界销售的电扇都是黑色的，东芝公司生产的电扇自然也不例外。这个小职员强烈建议把黑色变为彩色，公司高层随后就这一建议展开讨论，最后决定采纳这个建议。

第二年夏天，东芝公司推出了世界上第一款彩色电扇，不仅备受消费者好评，还在市场上引发了一阵抢购热潮。从此，黑色的电扇成为历史，取而代之的是颜色各异的彩色电扇，彩色带给人们的视觉轻松和愉悦感也就此得到证明。

谁也没有想到，原来只需要改变一下电扇的颜色，就能突破以往电扇积压滞销的不利局面，为公司创造出如此巨大的利益。平心而论，这一具有创造性的设想其实并没有蕴含多少高深的科学知识，也不需要提出者有多丰富的商业经验，可为什么偌大一个东芝公司，除了这位名不见经传的小职员外，竟无一人想到过呢？

这不得不归罪于人们的思维定势。自有电扇以来，电扇就一直以沉闷的黑色面孔出现在消费者的眼前。虽然并没有法律条文规定电扇必须是黑色的，可在代代黑色的相传下，久而久之，人们渐渐地认为电扇只能是黑色的，压根就没有想到电扇也可以有别的颜色。

东芝公司的这个小职员却并不这么认为，他充分发散了自己的思维，在众人束手无策之际，突破了"电扇只能漆成黑色"这一思维定势的束缚，最终成功地帮助公司扭转乾坤。

法国生物学家贝尔纳曾说："妨碍学习的最大障碍并不是未知的东西，而是已知的东西。"由此可见，我们之所以难以解决工作中遇到的困难，原因就在于我们总是被固有的经验和思维束手束脚，无法开动脑筋，另辟一条柳暗花明的蹊径。

那么我们该如何培养自己的发散思维呢？

发挥想象力是培养发散性思维的关键。想象力丰富的人，通常思维要比一般人活跃，他们可以由一片云立即联想到人工降雨、棉花糖等。因此，平时不管工作或是生活，我们可以尽情地驰骋在天马行空的想象中，让奇思妙想充满我们的脑海。

另外，淡化标准答案也是培养发散性思维的必备条件。习惯了应试教育的我们，往往只会单向思维，在标准答案的影响下，我们的创造力贫乏。面对困境的时候，我们必须尽可能多地给自己提一些"如果……""假定……"之类的问题，这样才能强迫自己换一个角度去思考，最终突破单向思维的限制，寻找到新的解决之道。

经验虽然是一笔宝贵的财富，却也时常化身为我们脑海里的无形枷锁，让我们错误地以为事情只有一种答案，此路不通就代表着成功与我们无缘无分。而东芝公司这个小职员的故事告诉我们，路是死的，人是活的，只要我们勤于思考，敢于打破常规，不满足于现状，就一定能用创新思维冲出一片不一样的天空，顺利到达我们的目的地。

将自己打造成为某领域的专家

加拿大畅销书作家麦尔坎·葛拉威曾在《异数》一书中指出："人们眼中的天才之所以卓越非凡，并非天资超人一等，而是付出了持续不断的努力。只要经过 1 万个小时的锤炼，任何人都能从平凡变成超凡。"这就是所谓的"一万小时定律"。不管身处哪行哪业,只要我们不断练习自己的专业技能,始终保持着学习的心态,每天坚持三个小时,连续十年,我们就能将自己打造成所在领域的专家,享有最长的职业寿命。

很多人在踏入职场的时候都幻想着自己的工作能一帆风顺,最好在短时间内就能加薪又升职。可时间一长,我们却发现,忙忙碌碌好些日子,非但没有让老板多看自己一眼,反而蒙上许多的灰尘,成为职场角落里默默无闻的一员。

眼看着身边的同事一个个工资轮番上涨,一个个职位晋升不断,机会还是没能对自个儿垂怜有加。最让人感觉郁闷的是,有些同事明明处处不如我们,却总是备受老板器重。面对此情此景,我们难道不应该质问一句,我们的职场究竟是哪里出了问题?我们这么多年的书莫非都白读了?人们常说,书中自有颜如玉,书中自有黄金屋,可到目前为止,学了十几年知识的我们连黄金屋的门都没敲开,这样的结局如何不让人伤心难过呢?

但话又说回来,如果我们真的不念书,不学习新知识,我们只怕连站在职场上和他人一较高低的资格都没有,更别说升职加薪了。正所谓术业有专攻,我们与其停在逼仄的原地哀叹自己是一个鸡肋员工,还不如多花一点心思打造自己的核心竞争力,竭尽全力成为某个领域的专家级人物。

著名作家池莉曾说:"人生可做的事情很多,但世上不知有多少聪明人,却一生都没有做好一件事。"这句话告诉我们,一个人不可能什么都会，什么都懂，既然我们无法面面俱到，那就做自己最擅长的事情。只要在某一领域成为专家，我们就能在职场立于不败之地。

曾阅之在一家大型教育机构工作了十几年，论年龄他在公司排行老大，已近退休却仍稳坐教育总监的位子，享受着不同于其他同事的优渥待遇。而这一切，都要归功于十几年来，他自己苦心钻研出来的教学技能。

大学毕业之后，曾阅之在某事业单位工作了一段时间，可好景不长，他所在的单位面临改制，许多职员被迫下岗，曾阅之也是其中一员。下岗后，在一位朋友的推荐下，他去了一家刚刚成立不久的教育机构担任培训老师，工作轻松简单，薪资待遇也还算不错。

可是时间一长，看着一拨拨年轻人进入公司，有些工作能力突出的年轻人甚至比他这位前辈更早坐上了管理职位，曾阅之越来越觉得自己的工作没有多大前途。他非常担心，一旦自己的教学方式赶不上时代变化的脚步，公司完全可以找一个学识渊博、上课富有激情的年轻人来代替自己，到时候尽管他有着多年工龄，只怕也难逃被裁员的尴尬命运。

曾阅之的担忧不无道理。随着时代的进步，人们的观念自然不同于往日，在孩子的教育方面，许多家长都抱着"望子成龙，望女成凤"的想法。

为了让孩子能够在最短时间内学习到更多有用的知识，传统的"老师为主，学生为辅"的教育理念显然已经过时，取而代之的是"趣味教学法"，因此，教育机构的培训老师不得不绞尽脑汁让自己的课堂变得有趣起来。说白了，学生和家长才是他们的衣食父母，得罪了衣食父母，就等于和自己的职场生涯过不去，相信没有一个人愿意自毁前程。

有了这种危机感之后，曾阅之开始搜罗各类书籍，教育学、教育心理学、教学技巧外加各类专业书籍全在他的自学范围之内。在他看来，唯有把自己打造成教育行业的专家，才能从容地面对工作中的任何问题。当他可以娴熟地驾驭课堂之时，学生和家长必定会对他信任有加，公司的领导自然也会对他委以重任。

通过自己多日的勤学苦练，曾阅之终于在实践中摸索出了一套独具特色的教学方式，胸有成竹的他，现在即便不看教案，也能在谈笑间出口成章。不仅如此，面对不同学生的不同问题，他都能够因材施教，灵活地运用书本上的专业知识，对症下药地给予有效的指导。久而久之，他所教授班级的学生，在思维的活跃程度、学业成绩、学习兴趣以及学习能力等方面都比其他班的学生高出一筹。

凭着这身好本事，曾阅之才安稳地坐上了教育总监的宝座，并且一坐就是好几年，直到现在，他的教学方式还被应用于培训那些新进的老师。

　　很多初涉职场的年轻人大抵都有过这样的经历：读大学期间，为了以后能找到一份待遇优厚的好工作，不辞辛苦，挑灯夜战，争分夺秒地赶考各种资格证书，如秘书证、计算机等级证、教师资格证、英语四六级、会计资格从业证书等，以便增加自己的竞争优势。可真的等到毕业后，把这些看似厚实的证书摆上竞聘台时，却发现作用并没有自己想象的那么大。

　　难道真的是"百无一用是书生"吗？其实，学习知识并没有错，培根所宣扬的"知识就是力量"也没有过时，关键我们要明白一点，纯理论的知识不会让我们急速升值，盲目地考证并不会帮助我们建立职场优势。

277

　　从准备进入职场的那一刻起，我们首先应该挖掘自己的兴趣和专长，只有这样，我们才能找对职业方向，并在清晰的职业规划下，坚定地朝专家级人物的职业目标走去。打个比方，假若我们是老师，就要不断丰富自己的学识，提高自己的教学技能；假如我们是医生，就要努力做到医术精湛，救死扶伤；假如我们是飞行员，就要锻炼自己的飞行技能，使得安全指数达到最高。一旦把自己打造成某个领域的专家，我们就等于在竞争激烈的职场上找准了自己的强点，从此拥有了不可替代的竞争优势和职业安全感。

控制好自己的情绪和行为

朋友胡航宇是一个非常情绪化的人,在职场打拼了那么多年,至今还是一个小小的员工,从来没有得到一次晋升的机会。公司的同事们常常笑话他是一个"火药桶",一点点小事也能把他激得横眉瞪眼,破口大骂。他几乎和办公室的所有同事都起过争执。

最近,他竟然还跟部门主管杠上了,两个人僵持了好一阵子,谁也不肯主动退一步。和他一起出去吃饭的时候,我特地关心地问了几句:"航宇,你和你们公司的部门主管还冷战呢?你们俩之间到底发生了什么事?至于闹得那么僵吗?得罪了领导,你以后还想加薪升职吗?"我一连串的发问,让胡航宇有些吃不消,他狠狠地瞪了我一眼。

"你以为我想和他起冲突啊?我不就是工作上出了一点小差错,他至于那样摆脸色给我看吗?闹僵了就闹僵了呗,此处不留爷,自有留爷处。我要是在这个公司混不下去了,走之前非得再好好地骂他一顿不可,不然心里憋着一口气实在是太难受了。"胡航宇深深地吸了一口烟,情绪似乎还停留在他和主管的冲突里,久久走不出来。

为了让他意识到情绪化对于工作所造成的严重后果，我只好给他讲了一个有趣的故事，希望他能从这个故事中多多少少有些感悟。

从前，有一个十分任性的男孩，他常常因为一些小事对别人发脾气。有一天，他的父亲递给他一袋钉子，并和颜悦色地告诉他："你每次发完脾气后，就钉一颗钉子在后院的围墙上。"

第一天，这个男孩总共发了30次脾气，所以他在后院的围墙上钉下了30颗钉子。男孩渐渐地发现，钉钉子的过程其实非常消耗力气，每天要往墙上钉那么多钉子，这项工作实在太过单调和无聊，于是他决心控制自己的情绪，不再轻易地对别人发脾气。

就这样坚持了好几个月，他每天发脾气的次数也一点点地减少了，终于有一天，这个男孩完全摆脱了情绪的钳制，不会轻易对他人发脾气了。

此时，父亲却告诉他："从现在起，每次你忍住不发脾气的时候，就从墙上拔出一颗钉子。"男孩按照父亲的指示去做，没过多久，墙上的钉子已经通通被他拔出来了。

父亲拉着他的手，来到后院的围墙前，说："孩子，你做得很棒，我为你感到骄傲。但是你现在看看这布满小洞的围墙吧，它再也不可能恢复到以前的样子了。你生气时说的那些伤害别人的话，也会像钉子一样在别人的心里留下了不可磨灭的伤口，不管你事后说了多少声对不起，那些伤痕都会永远存在。"

朋友胡航宇听完我的故事后，并没有受到多大震撼，他不以为然地对我说："我确实对部门主管说了一些难听的话，可这些话伤害的是他，又不是我，我没有什么好遗憾的。"

听了他的强辩之词，我摇了摇头，笑道："你难道没有因此受伤吗？我们暂且不说生气对一个人的身体健康造成的莫大危害，你一而再、再而三地感情用事，最后给你的事业造成的伤害难道还小吗？你现在已经是一个三十好几的人了，工作毫无起色，存款数目几乎为零，就连女朋友都没有，这都是你控制不住自个儿的情绪和行为惹的祸！即便以后再换一家公司，就凭你那一点薄弱的情绪自控力，还是会铩羽而归的。"

我曾在网上看过一段富有哲理的话："看人不顺眼，是自己修养不够；人愤怒的那一个瞬间，智商是零，过一分钟后才慢慢恢复正常；人的优雅关键在于控制自己的情绪；用嘴伤害人，是最愚蠢的一种行为。"情绪化并不能解决任何实质性的问题，就像我朋友胡航宇一样，面对上司的指责，他没有平心静气地反思自己身上的不足之处，而是任由愤怒的情绪支配他的大脑，最后选择以牙还牙，用语言的暴力和自己的上司对着干。

这样做的结果往往是有百害而无一利。不久后，他再一次因为工作失误受到公司领导的严厉批评。执意不肯认错的他，最终被公司老板炒了鱿鱼。

行走职场，我们经常会听到前辈们的经验之谈——不要把你的情绪带到工作中来。看似轻描淡写的一句话，实则蕴含了深厚的道理。众所周知，情绪一旦失控，人的心情也会跟着受影响，自己的工作效率会变得低下不说，还会"一粒老鼠屎坏了一锅粥"，牵连其他同事。

能够控制好自己的情绪和行为的人，即便在工作中出了差错，也能将实际的损失降到最低，他们不会白白浪费自己宝贵的精力和时间在一滩无用的"情绪泥沼"上。但人非圣贤，任谁都会有想发脾气的时候，我们该怎样做才能免于不良情绪的困扰，将工作做得更好呢？

1. 用理智控制自己的情绪

职场存在着严格的上下级关系，当我们经常因为工作上的事受到上司的责难，内心感到不满、委屈和不公平是再自然不过的事儿。此时，我们应当尽量使自己心平气和下来，就事论事地谈论问题，过于情绪化的表达只会让我们无法清晰地说出自己的理由。

增强自己的理智感，可以使我们遇事多思考，多想想情绪失控会造成的严重后果。当我们想对他人发脾气时，也可反复地提醒自己："情况已经是这个样子了，我千万不要发火，这件事儿一定还有沟通的余地。"多给自己一点积极的心理暗示，情绪就会被扼杀在摇篮里。

2. 换位思考，将心比心

通过换位思考，我们就能暂时充当别人的角色，来体会对方的所思、所想和所需，同情心一旦萌芽，再大的情绪地震也会如昙花一现。

当公司老板、同事的言语触怒到自己时，我们完全可以将心比心，站在对方的立场想一想。如此一来，我们内心的不良情绪就会减弱，甚至烟消云散。

3. 转移自己的注意力

当我们发觉自己的情绪处于即将爆发的临界点时，可以有意识地转移话题或做点儿别的事情来分散自己的注意力，这样做能使我们紧张的情绪松弛下来，让心情恢复平静。

另外，我们还可以找好友谈谈心，一起到郊外散散步，或者干脆到外面猛跑几圈，把负面的情绪发泄完，事后我们的心情一定会变得特别舒畅。

总而言之，一个能控制住不良情绪的人，比一个能拿下一座城池的人还要强大。作为一名职场人士，我们努力工作无非是为了在工作岗位上实现价值，而在一定程度上，薪水和职位就是价值的体现，控制好自己的情绪和行为，有利于我们的升职加薪。

走出自己划下的疆界

　　曾经在书上看过这么一则笑话，有一个年轻人在河边钓鱼，每当他钓到一条大鱼时，他就把它扔回河里，钓到小鱼时，他才把它放进鱼篓。一位过路人看到了，心里觉得有些纳闷，于是停下来问他："小伙子，你为什么不要大鱼，只要小鱼呢？"

　　没想到年轻人回答道："因为我家只有一口小锅，没有大锅呀！"

　　相信很多人在看完这个笑话后，都会觉得这个钓鱼的年轻人有点愚笨，没有大锅就不能要大鱼吗？这种逻辑也未免太过死板吧。如果觉得自家的锅小，他完全可以把大鱼切成段，一次只吃一部分，又或是留到以后再吃，何苦因为没有大锅，而傻乎乎地放弃大鱼呢？

　　在我看来，年轻人之所以会干出这种让人觉得不可思议的傻事，是因为他事先就给自己划下了一道不可逾越的疆界。在他的认知里，家里没有大锅，他就没有资格拥有大鱼。这就好比，如果我们在心里已经认定某件事不可能完成，那么在事情的进展中，我们就无法激发出自己的巨大潜力，激发自己完成这项不可能完成的任务，同时我们还会因此错过某些可遇而不可求的机

283

会，将到手的大鱼重新扔回河里。

有人专门做过一项调查，结果显示有 77% 的人并不满意目前的工作，既然如此，大家为什么不寻求一些改变，让自己称心如意呢？很多人明明知道重复旧的行为只能导致旧的结果，却依旧日复一日，年复一年，不愿意在未知的领域多做些摸索。

他们给出的答案往往是"不可能""我也没有办法""我做不到"等诸如此类否定自己能力的丧气话。众所周知，每一个人身上都潜藏着巨大的能力，我们已知的范围永远赶不上我们未知的范围，如果我们无法在已知的范围完成一件事，那么何不突破这个范围，进入未知的领域，不断寻求新的解决方法呢？

笑话中的年轻人因为自家没有大锅，所以最后放弃到手的大鱼，这种行为无疑是在向已知的范围举手投降。倘若他能大胆走出自己划下的这道疆界，就一定能在未知的领域内找到最新的解决之道。

前不久，在朋友的推荐下，我零星地观看了一部由孙俪主演的电视剧《辣妈正传》。孙俪饰演的夏冰在一家时尚杂志《beauty》担任前台，但外形靓丽、个性活泼的她并不满足于一个小小前台的职位，在人才济济的《beauty》，尽管她只拥有大专文凭，其工作能力却丝毫不逊色于其他顶着硕士生、博士生头衔的同事。

凭借自己的努力，夏冰最终得到杂志主编李木子的认可和欣赏，一跃成为众人羡慕嫉妒恨的主编助理。很多人或许会在心里犯嘀咕，为什么夏冰这么一个普普通通的大专生，能从一个人微言轻的小前台，最后蜕变成主编助理呢？

有这些疑问的人，大多没有看到夏冰不同于常人的自信和毅力。首先，她并没有因为自己的大专学历和前台身份而自卑、自暴自弃甚至否定自己，相反，她的内心深处蓄积着一股积极向上、勇往直前的斗志和挑战精神。

其次，她在事业上有野心，有目标，有冲劲，更有执行力。她经常在工作之余观看各类时尚杂志，寻找《beauty》和它们的相同处和不同处，最后还会详细地列出彼此优劣对比的表格，以供自家杂志参考，寻求下一期杂志的改进和突破。

电视剧里有一个让我印象特别深刻的故事情节，主编李木子突然有急事需要外出一趟，临时委派夏冰帮自己主持一下选题策划会。会议上，在座的各位同事和客户都在为下一期杂志的选题出谋划策，有的同事提议采用"三十岁之前不结婚"这个选题，可夏冰却并不赞同。

她认为《beauty》的读者在慢慢长大，她们中的很多人都已经为人母亲，如果这个时候《beauty》还在讨论该不该结婚，那等于在抛弃原本最忠实的读者。不仅如此，许多杂志已经做过"该不该结婚"这个选题，甚至连专门的书都有了，如果她们再做肯定无法吸引读者。

公司客户觉得夏冰的想法非常独特,示意她继续说下去,夏冰这才畅所欲言,将自己多日以来的研究成果通通说了出来。

"我觉得对于我们的主流读者来讲,该不该结婚,并不是一个太难做的决定,因为这是可逆的。觉得结得不好,你可以离嘛,但是生不生孩子,什么时候生孩子,才是一个需要勇气的决定,因为这是不可逆的。你不能觉得这个孩子生得不好,给你带来麻烦,你就不要了吧?所以,我觉得结婚有各种结果,你可以花十五个月的时间认识个首富,得到三个亿,也可以花十年的时间去完成自己的王妃梦。可是生孩子只有一个结果,就是你为这个小东西累死、操心死,不惜为她辜负全世界、全人类,还不要求哪怕一点点的回报。"

此话一出,立马博得公司客户以及老板的赏识,大家一致觉得夏冰的选题格外出彩。

仔细想想,如果不是因为夏冰不甘于眼下的工作,在一个未知的领域下足了功夫,她就不可能别出心裁地想出这么一个好选题,最后使得杂志社最大的老板邓小姐对她刮目相看。从此,夏冰不再局限于主编李木子的视野,杂志社最大的老板邓小姐也开始慢慢注意到她这个职场小人物,这不能不说是一个奇迹。

由此可见,每一个在职场打拼的人都有可能获得成功,关键就在于我们是否能驱除内心那些限制自己"做梦"的自我否定。当我们走出自己划下的那道疆界,朝着内心向往的目标奋勇向前时，我们就一定会发现，所谓的"不可能"通通都有可能。

降低职业损耗，和不安全感"和平相处"

看过电视相亲节目《非诚勿扰》的朋友们，应该经常听到现场女嘉宾对理想中另一半的要求，毫无疑问，其中"安全感"三个字出现得最为频繁。举几个例子，"我希望我的另一半能给予我安全感。""他看起来胖胖的，感觉好有安全感哦。""他长得太帅了，肯定很有女人缘，我要是他女朋友，肯定没有安全感。"

其实，人们不光想在爱情中寻求安全感，也希望能从职业中收获一份安心的感觉，毕竟工作是自己维持生存的最佳工具。职场打拼时不顺心如意，我们的内心肯定会被焦虑、惆怅、烦躁、恐惧等负面情绪压榨得如一张单薄的纸片，毫无喘息的空间。

现代职场竞争激烈，即使我们已经努力地工作，职业安全感却始终不曾驻扎在我们的心间。有一家公司对2100多名白领做过一项调查，大约有85%的白领认为自己缺乏职业安全感，究其原因，有的是因为自己所处的行业遭遇普遍的竞争危机，有的是因为个人的职业发展受到限制等。可以毫不夸张地说一句，职业安全感危机是白领普遍遭遇的心头之痛。

287

俄国大文豪列夫·尼古拉耶维奇·托尔斯泰曾在他的著作《安娜·卡列尼娜》中写道："幸福的家庭都是相似的，不幸的家庭各有各的不幸。"人们为什么普遍缺乏职业安全感，其实也各有各的心酸原因。有的因为自身的能力有限，经常担心自己会被公司炒鱿鱼，这是所谓的失业恐惧；有的希望自己能找到一份稳定的工作，可总是事与愿违，常常和公司的价值观发生冲突，最终导致自己无法在公司找到合适的位置，严重缺乏归属感；还有的因为遇到了外界的各种干扰和风险，当自己意识到可能要面临失败时，也会产生一种不安全感。

丁嘉嘉在一家机械设备公司担任销售助理一职，她当初选择这份工作完全是因为毕业在即，身边的同学一个个有了落脚的地方，所以自己也不甘落后，最后稀里糊涂地进入了这家公司，干起了成天和数字、业务员以及报表打交道的生活。

虽然工作了一年半的时间，但她每个月拿到手的薪水却不足2500元。眼看着身边的同事一个个干得热火朝天，丁嘉嘉觉得自己一点干劲也没有。薪水拿得少一点没关系，暂时没有升职机会也不是什么大问题，最让她烦恼的是这份工作给不了她想要的归属感。

她的上司苏胜利以前是做业务的销售员，因为业绩突出，为公司创造了巨大的利润，公司老板特地提拔他当业务经理。在苏胜利的眼里，下属有没有高学历他不在乎，因为他本人就只有初中学历，现在还不是照样身居高位。

他常常对下属说："读大学有什么用？很多人大学毕业即失业，有的即便找到了工作，却始终赚不到大钱，几年下来，连四年的学费都没有挣回来，想想都丢人！"丁嘉嘉作为一个中文系毕业的大学本科生，自然看不惯上司苏胜利瞧不起读书人的嘲讽之语。可看不惯归看不惯，出于工作，自己始终要和他朝夕相对，言谈举止还不能流露出任何不满的情绪。

就这样，丁嘉嘉在这一年半的工作生活中，几乎没有一日不被焦虑、无助、郁闷、反感等负面情绪所包围，恨不得生出一双翅膀，逃离这个让她觉得无法安放心灵的公司。

其实，丁嘉嘉这种情况正是职业安全感匮乏的表现，她因为和上司苏胜利在看待读书人这件事上产生了巨大的分歧，所以觉得自己在现有的工作岗位上找不到归属感。要知道，如果我们在职业中找不到归属感，那么很容易将自己推入一个毫无工作热情的阴暗角落，整日垂头丧气，负面情绪一旦积累到某种程度，我们的职业损耗也必定升至一个最高点。

在这个世界上，没有人能帮我们解决职业安全感危机，除了自救，实在找不出其他更好的办法。因此，丁嘉嘉不妨参考以下几个步骤，试着让自己的职场之路焕然一新。

第一步：正确评估自己。

在评估自己的时候，我们要客观地分析自己对于职业安全感的需求是否强烈，以及哪种安全感对自己更加重要，避免在缺乏承受力和控制力的时候面对过于动荡的环境。

第二步：合理进行职业规划。

进行职业规划的时候，我们要注意是否有一些必备的风险防范措施，如囤积人脉为自己找一条退路，又或是充电学习，提高自己的专业技能。职场本就充满了许多不确定的因素，懂得未雨绸缪，让自己不断增值的人才能笑到最后。

第三步：提高自信心。

希望能从职业中找到安全感的人大多缺乏自信，如果我们真的遇到一些外在威胁，鸵鸟姿态只能免得了一时的忧患，只有积极面对、提高自己的应变能力才是具有长远眼光的做法。我们不妨打量一下内心，看看有哪些正能量可以调动起来。有了自信心后，我们才能在职场上战无不胜。

第四步：和"不安全感"和睦相处。

职场生活本就高压和忙碌，它消耗了我们许多的精力和时间，如果此时我们还要腾出心思来杞人忧天的话，未免有点得不偿失。虽然我们无法彻底消除职场"不安全感"的存在，但尽量和它和睦相处，才能最大限度地降低自己的心理损耗。

总而言之，弄清楚让自己缺乏职业安全感的罪魁祸首，总好过对拦路虎的一无所知，因为未知带给我们的恐惧远远胜过职业"不安全感"。从现在开始，我们不要再视职业"不安全感"为洪水猛兽，应该默认它的存在，积极地寻求应对之策，努力与它和睦相处，这样做的目的只有一个，那就是降低职业损耗，保全来之不易的事业。

克服拖延，建立有效的时间管理机制

很多人都有这样的习惯：当手头上有什么任务时，都不会尽快主动地去做，假如截止时间是下个月初，他们就会等到这个月底的时候突击一把。有时候这种方式能够保证任务的顺利完成，但有时候却由于时间不够而导致任务搁浅。这种习惯被人称为"拖延症"。

大学生是"拖延症"的高发人群。由于现在的大学管理散漫，给予了学生很多自由的空间，所以很多人在上大学的时候就患上了"拖延症"，平时不好好上课，临近考试的时候会用几个星期甚至是几天的时间突击一下。这种情况已经成为部分大学生的一种常态。

拖延症的危害是毋庸置疑的。中国有句老话叫"临时抱佛脚"，这临时一抱，成效能有多大呢？有的事情或许比较简单，三两天就能搞定，但是有的事情需要一个长期的过程，一点点的积累才能完成。如果妄想用两三天的时间去完成半个月的任务量，那么即使是完成了，又有谁能够对这任务的质量打包票呢？

大学生走上职场之后，这种拖延症带来的弊端就越发明显。在学校时，师长们还能够对此有所包容，但走上社会之后，每个人都是劳动者，在工作面前，一视同仁。以工作论成败是职场上最简单也是最有效的一种考核方式，如果将拖延症带到职场上来，那到时候吃了亏就只能怪自己了。

那么，该如何克服拖延症呢？

首先，从心态上来说。很多人将一件事情拖到最后去做是因为他们觉得自己暂时没有太大的动力去做，很多人在面对工作时都只是揣着一种被动的态度，这种被动让他们不愿意立即去做，尽管他们知道这件事情是必须要做的。

所以，想克服拖延症就必须要变"必须"为"愿意"，一个人只有在面对自己感兴趣的事情的时候，才会立刻将这件事情提上日程。当你告诉自己你必须做某件事的时候，你其实就是在暗示自己你是被强迫着去做，所以你自然而然地感觉到厌恶和抵触。正是因为这种不愉快的感觉，你选择了"拖延"。如果你的任务有一个最后期限，那么这个期限越近，这种不愉快感就越强烈。如果你还不立即开始工作，那么这种不愉快感将不断增强。

从对待工作的心态上来讲，很多人在完成一项重要任务里的一个环节时，都会觉得工作可以告一段落，好好休息了，即使是只完成了十分之一，他们内心里也会觉得毕竟是完成了一部分，这种心态其实也是加剧了拖延症。所以，要克服这种心态，就必须要变"完成"为"开始"，就像一名马拉松运动员一样，只要没有跑到终点，即使离终点不到一百米了，也要当自己只是刚刚开始而已。抱着这种态度，能够让自己以更好的精神状态去迎接后面的任务。

其次，从行动上来讲。一个正常人的拖延症并不是从一开始就出现的，很多人都是在工作过程中发现任务艰巨、短时间内难以完成或者完成无望时，才会拖延。所以，要想克服拖延症，就必须要提升自己的执行力，碰到麻烦的事要先静下心来好好思考一番，实在不行的话就先放一放，做其他的任务。就像是做试卷一样，两个小时的考试时间不是为一两道题设计的，而是为一整张卷子。如果在一道难题上花费了太多的时间，那还能腾出时间来做别的题目吗？

最后，从计划上来讲，很多习惯拖延的人都缺乏一套有效的时间管理机制。

工作需要时间，在职场上，时间万分宝贵，有些特殊的工作更是需要争分夺秒。如果没有一套有效的时间管理机制，那么工作时就会像是没头苍蝇一样，能碰巧做好的机会少之又少。

那么，我们又该如何建立一套有效的时间管理机制呢？

我们举个简单的例子。张风在一家地产公司从事文案策划，他的任务是撰写地产文案，这份工作并不像一般人想的那样只需

293

要开着电脑打字就行。实际上,他还要做大量的调查和资料搜集工作。张风是同行内的翘楚,很多同事觉得棘手并且需要大量时间去完成的工作,他却能得心应手。他的奥秘也很简单——定制一套适合自己的时间管理机制。

张风的同事们在写这些文案的时候,会将大部分时间花在如何下笔这件事情上,调查和资料搜集的工作他们也会去做,但是花的时间并不长。因为很多人都觉得,文案的成品都是一个字一个字敲出来的,光靠调查,写不出漂亮的文案。

但张风并不这么看,他觉得,写东西并不是光靠脑子里那点存货就能够完成的,没有资料的积累和现实的调查,写起来必定很艰难。所以张风将时间一分为二,百分之七十用来做市场调查和资料搜集,剩下的百分之三十则用来归整资料并撰写文案。

张风的例子也体现出了时间管理上的一个核心理念——"避轻就重,先主后次"。也就是说,在干一件事情之前,要先弄清楚事情的轻重缓急,然后根据轻重、主次来分配时间,这样一来,办事情的效率也会有很大的提升。

另外,除了分清楚轻重缓急之外,还应该有一套日常的辅助体系维持。比如说,一位在某公司做出纳的员工,如果他想参加注册会计师的考试,那么就必须要腾出时间去学习。而他本身需要上班,有一部分时间是不属于他自己的,那么他就需要在自己的业余时间里规划,这时就需要一套辅助体系了。每天在一个固定的时间或者是周末一个固定的时间看书学习，这样能够保证自己持之以恒地去做，也一定能够收到成效。

万事贵在持之以恒，只有用一套合理有效的时间管理方式来约束自己的行为，拖延这一毛病才能得到最大限度的解决。我们应该都清楚，时间是导致拖延的罪魁祸首，但也是克服拖延的一剂良药。只要我们能把握好时间，让自己充分掌握时间的主动权，那么就一定能够战胜拖延。